W0070421

Thich Nhat Hanh
Ein Lotos erblüht im Herzen

Thich Nhat Hanh

EIN LOTOS
ERBLÜHT IM HERZEN

Die Kunst des achtsamen Lebens

Aus dem Englischen
von Jürgen Manshardt

GOLDMANN VERLAG

Die amerikanische Originalausgabe erschien 1992
unter dem Titel »Touching Peace«
bei Parallax Press, Berkeley, Kalifornien

Umwelthinweis:
Dieses Buch und der Schutzumschlag
wurden auf chlorfrei gebleichtes Papier gedruckt.
Die Einschrumpffolie (zum Schutz vor Verschmutzung) ist aus
umweltfreundlicher und recyclingfähiger PE-Folie.

Der Goldmann Verlag
ist ein Unternehmen der Verlagsgruppe Bertelsmann

1. Auflage
Copyright © 1992 by Thich Nhat Hanh
Copyright © der deutschsprachigen Ausgabe 1995
by Wilhelm Goldmann Verlag
Satz: Uhl + Massopust, Aalen
Printed in Germany · Presse-Druck Augsburg
ISBN 3-442-30605-1

INHALT

1

DAS LEBEN – EIN WUNDER

Als ich ein junger Mönch in Vietnam war, besaß jeder Dorftempel genauso wie die christlichen Kirchen in Europa und Amerika eine große Glocke. Wann immer die Glocke geläutet wurde, hielten alle Dorfbewohner in ihrer Tätigkeit inne und legten eine kurze Pause ein, um mit Achtsamkeit ein- und auszuatmen. In Plum Village, der Gemeinschaft in Frankreich, in der ich lebe, tun wir dasselbe. Immer wenn wir die Glocke vernehmen, kommen wir zu uns zurück und erfreuen uns einfach an unserem Atem. Wenn wir einatmen, sagen wir leise: »Höre, höre!«, und wenn wir ausatmen, sagen wir: »Dieser wundervolle Klang führt mich zu meiner wahren Heimat zurück.«

Unsere wahre Heimat ist der gegenwärtige Augenblick. Im gegenwärtigen Augenblick zu leben ist ein Wunder. Auf dem Wasser zu schreiten ist es nicht. Das Wunder besteht vielmehr darin, im gegenwärtigen Augenblick über die grüne Erde zu gehen, den Frieden und die Schönheit zu kosten, die genau jetzt zur Verfügung stehen. Frieden ist überall um uns herum – in der Welt und in der Natur, auch in uns selbst – in Körper und Geist. Haben wir erst einmal gelernt, mit diesem Frieden in Berührung zu kommen, werden wir geheilt und gewandelt. Es ist keine Sache des Glaubens; es ist eine Sache der Übung. Wir müssen nur Mittel und Wege finden, unseren Körper und Geist zurück in den gegenwärtigen Augenblick zu bringen, damit wir das berühren können, was uns erfrischt und heilt und wunderbar ist.

Als ich letztes Jahr in New York City in einem Taxi fuhr, sah ich, daß der Fahrer alles andere als glücklich war. Er verweilte nicht im gegenwärtigen Augenblick. In ihm waren weder Frieden noch Freude; er konnte während des Fahrens nicht lebendig sein, und dies drückte sich in seiner Fahrweise aus. Viele von uns tun dasselbe. Wir hetzen uns ab, sind aber nicht eins mit dem, was wir tun; wir ruhen nicht in uns. Unser Körper befindet sich hier, aber unser Geist ist irgendwo anders – in der Vergangenheit oder Zukunft, dabei voller Ängste, Enttäuschungen, Hoffnungen oder Träume. Wir sind nicht wirklich lebendig; wir sind wie Schatten. Wenn unser liebenswertes Kind zu uns käme und uns anlächelte, würden wir es völlig verfehlen, und es würde uns verfehlen. Das ist sehr schade.

In seinem Roman *Der Fremde* beschreibt Albert Camus einen Mann, der kurz vor seiner Hinrichtung steht. Allein in der Zelle sitzend, erblickt er durch das Dachfenster ein kleines Stück blauen Himmel, und plötzlich fühlt er sich tief mit dem Leben verbunden, mit dem gegenwärtigen Moment. Er gelobt, die verbleibenden Tage in voller Bewußtheit zu leben, in völliger Wertschätzung jedes Augenblicks; und einige Tage lang glückt ihm dies auch. Dann, nur drei Stunden vor seiner Hinrichtung, kommt ein Priester in die Zelle, um die Beichte abzunehmen und die Sterbesakramente zu erteilen. Der Mann aber möchte nur allein sein. Er versucht, den Priester auf verschiedene Weise zum Gehen zu bewegen, und als es ihm schließlich gelingt, sagt er zu sich selbst, daß der Priester wie ein Toter lebe – »Il vit comme un mort«. Er erkennt, daß jener, der versucht seine Seele zu retten, weniger lebendig ist als er, der kurz vor seiner Exekution steht.

Viele von uns leben zwar, sind aber nicht wirklich lebendig, weil wir das Leben nicht im gegenwärtigen Moment berühren können. Wir gleichen Toten, wie Camus sagt. Ich möchte mit euch ein paar einfache Übungen durchführen, die uns helfen können, unseren Körper und Geist wieder miteinander zu vereinen, und die uns wieder in direkte Verbindung mit dem Leben im gegenwärtigen Moment bringen. Die erste Übung wird »Achtsames Atmen« genannt, und Menschen wie wir haben es seit mehr als dreitausend Jahren praktiziert: Einatmend wissen wir, daß wir einatmen, ausatmend wissen wir, daß wir ausatmen. Dabei beobachten wir vieles in uns und um uns herum, das uns glücklich macht. Wir können tiefe Freude dabei empfinden, mit unserem Atem in Berührung zu sein und uns lebendig zu fühlen.

Leben geschieht nur im gegenwärtigen Moment. Ich denke, wir sollten einen Feiertag einrichten, um diese Tatsache zu würdigen. Wir haben Feiertage für so viele bedeutungsvolle Gelegenheiten – Weihnachten, Neujahr, Muttertag, Vatertag und selbst einen »Tag der Erde« – warum sollten wir nicht einen Feiertag begehen, um einen ganzen Tag lang glücklich im Hier und Jetzt leben zu können? Ich möchte heute zum »Jetzt-Tag« erklären, zu einem Tag, der dem Berühren der Erde gewidmet ist, dem Berühren des Himmels, dem Berühren der Bäume und des Friedens, der im gegenwärtigen Augenblick liegt.

Vor zehn Jahren pflanzte ich vor meiner Einsiedelei drei wunderschöne Himalajazedern, und wann immer ich jetzt an einer von ihnen vorbeigehe, verneige ich mich, berühre ihre Rinde mit meiner Wange und umarme sie. Während ich aufmerksam ein- und ausatme, blicke ich zu ihren Ästen und ihrem schönen Grün empor. Ich empfange viel Frieden und Beistand, wenn ich Bäume umarme. Einen Baum zu berühren schenkt uns selbst wie auch dem Baum große Freude. Bäume sind schön, belebend und fest. Wann immer du einen Baum umarmen möchtest, wird er sich nicht widersetzen. Du kannst dich auf Bäume verlassen. Ich habe sogar meine Studenten die Übung des »Bäume-Umarmens« gelehrt.

In Plum Village haben wir eine schöne Linde, die jeden Sommer Hunderten von Menschen Schatten und Freude spendet. Vor einigen Jahren brachen jedoch während eines großen Sturmes viele ihrer Äste ab, so daß die Linde fast zugrunde ging. Als ich sie nach dem Sturm sah, hätte ich weinen können. Ich fühlte, wie wichtig es ist, sie zu berühren; aber ich hatte kaum Freude an dieser Berührung. Ich sah den Baum leiden, und so faßte ich den Entschluß, Mittel und Wege zu finden, ihm zu helfen. Glücklicherweise ist unser Freund Scott Mayer ein Bäumeheiler. Er nahm sich der Linde so gut an, daß sie jetzt sogar noch kräftiger und schöner ist als zuvor. Plum Village wäre ohne diesen Baum nicht das, was es ist. Wann immer es mir möglich ist, berühre ich seine Rinde und fühle tief in ihn hinein.

So wie wir Bäume berühren, können wir auch uns selbst und andere berühren – mit Mitgefühl. Wenn wir einen Nagel in ein Stück Holz treiben, schlagen wir uns manchmal auf den Finger, anstatt auf den Nagel. Sofort legen wir den Hammer nieder und kümmern uns um unseren verwundeten Finger. Wir tun alles, um ihm zu helfen, wir leisten ihm Erste Hilfe und lassen ihm Mitgefühl und Anteilnahme zukommen. Wir brauchen vielleicht einen Arzt oder eine Krankenschwester, aber Mitgefühl und Freude sind ebenso wichtig, wenn die Wunde schnell heilen soll. Wann immer wir Schmerzen empfinden, wirkt es Wunder, ihnen mit Mitgefühl zu begegnen. Selbst wenn es ein innerer Schmerz ist – in unserer Leber, in unserem Herzen oder in unseren Lungen –, können wir ihn mit Achtsamkeit berühren.

Unsere rechte Hand hat unsere linke Hand schon

viele Male berührt, aber wahrscheinlich noch niemals mit Mitgefühl. Laß uns gemeinsam üben! Atme dreimal ein und aus, und berühre dabei voller Mitgefühl deine linke Hand mit der rechten. Spürst du, wie deine linke Hand genauso Trost und Liebe erhält wie deine rechte Hand? Diese Übung gilt beiden Seiten, nicht nur der einen. Wenn wir jemanden leiden sehen und ihn mit Mitgefühl berühren, wird er Trost und Liebe empfangen, genau wie wir selbst auch. Das gleiche können wir tun, wenn wir selbst leiden. In dieser Weise sich und andere zu berühren kommt jedem zugute.

Die beste Art des Berührens ist, es mit Achtsamkeit zu tun. Du weißt, daß es möglich ist, etwas ohne Achtsamkeit zu berühren. Wenn du am Morgen dein Gesicht wäschst, könntest du deine Augen berühren, ohne dir dessen bewußt zu sein. Vielleicht denkst du an ganz andere Dinge. Wenn du aber dein Gesicht mit Achtsamkeit wäschst und dir bewußt bist, daß du Augen hast, die sehen können, daß das Wasser von weit her geleitet wird, damit du dein Gesicht waschen kannst, wird dein Waschen viel bedeutungsvoller sein. Wenn du deine Augen berührst, kannst du sagen: »Während ich einatme, bin ich mir meiner Augen bewußt. Atme ich aus, lächle ich meinen Augen zu.«

Unsere Augen sind erquickende, heilende und friedvolle Organe, die uns zu Diensten sind. Wir verschwenden so viel Aufmerksamkeit auf das, was falsch ist; warum nicht das wahrnehmen, was wunderbar und erfrischend ist? Nur selten nehmen wir uns Zeit, unsere Augen wertzuschätzen. Wenn wir unsere Augen mit unseren Händen und unserer Aufmerksamkeit berühren, bemerken wir, daß sie kostbare Juwelen sind – grundlegend für unser Glück. Jene, die ihr Augenlicht verloren haben, würden sich wie im Paradies fühlen, könnten sie wie wir sehen. Wir brauchen nur unsere Augen zu öffnen und sehen alle möglichen Formen und Farben – den blauen Himmel, die schönen Hügel, die Bäume, Wolken und Flüsse, die Kinder und Schmetterlinge. Nur dazusitzen und uns dieser Farben und Formen zu erfreuen kann uns überaus glücklich stimmen. Sehen ist ein Wunder, ein Umstand, der uns glücklich machen kann; doch die meiste Zeit betrachten wir es als selbstverständlich. Wir handeln nicht so, als wären wir im Paradies. Wenn wir uns darin üben, uns beim Einatmen unserer Augen bewußt zu werden und ihnen beim Ausatmen zuzulächeln, kommen wir mit wahrem Frieden und wirklicher Freude in Berührung.

Das gleiche können wir mit unserem Herzen tun: »Während ich einatme, bin ich mir meines Herzens bewußt. Während ich ausatme, lächle ich meinem Herzen zu.« Wenn wir dies einige Male üben, werden wir erkennen, daß unser Herz schon viele Jahre lang, Tag und Nacht, sehr viel geleistet hat, um uns am Leben zu erhalten. Unser Herz pumpt jeden Tag ohne Unterlaß Tausende Liter Blut. Selbst wenn wir schlafen, fährt unser Herz mit seiner Arbeit fort, um uns Frieden und Wohlergehen zu verschaffen. Unser Herz ist ein Element des Friedens und der Freude, aber wir berühren und schätzen es nicht. Wir berühren nur solche Dinge, die uns leiden lassen, und machen es unserem Herzen mit unseren Sorgen und starken Erregungen und dem, was wir essen und trinken, sehr schwer. Auf diese Weise untergraben wir unseren eigenen Frieden und unsere eigene Freude. Wenn wir üben, uns beim Einatmen unseres Herzens bewußt zu werden und beim Ausatmen unserem Herzen zuzulächeln, gewinnen wir Einsicht. Wir sehen unser Herz ganz deutlich. Wenn wir unserem Herzen zulächeln, massieren wir es mit unserem Mitgefühl. Wenn wir wissen, was wir essen und trinken sollten und was nicht, welche Sorgen und welchen Kummer wir meiden sollten, werden wir unser Herz behüten.

Dieselbe Übung kann auf andere Organe in unserem Körper angewandt werden, zum Beispiel auf unsere Leber. »Einatmend weiß ich, daß meine Leber hart arbeitet, um mich gesund zu erhalten. Ausatmend gelobe ich, meine Leber nicht durch übermäßigen Alkoholgenuß zu schädigen.« Dies ist Meditation der liebenden Güte. Wir sind unsere Augen. Wir sind unser Herz. Wir sind unsere Leber. Wenn wir nicht einmal unser eigenes Herz, unsere eigene Leber lieben, wie können wir dann andere Menschen lieben? Liebe zu üben bedeutet zuallererst, uns selbst Liebe entgegenzubringen – auf unseren Körper zu achten, auf unser Herz zu achten, auf unsere Leber zu achten. Wir berühren uns mit Liebe und Mitgefühl.

Haben wir Zahnweh, wissen wir, wie wunderbar es ist, kein Zahnweh zu haben. »Einatmend bin ich mir meines Nicht-Zahnschmerzes bewußt. Ausatmend lächle ich meinem Nicht-Zahnschmerz zu.« Wir können unser Nicht-Zahnweh mit unserer Achtsamkeit, ja selbst mit unseren Händen berühren. Wenn wir Asthma haben und kaum atmen können, erkennen wir, daß eine freie, leichte Atmung eine wundervolle Sache ist. Und selbst wenn unsere Nase nur ein wenig verschnupft ist, erkennen wir das Wunderbare einer freien Atmung.

Jeden Tag berühren wir etwas, das falsch ist, und infolgedessen nimmt unsere Gesundheit immer mehr ab. Darum müssen wir uns darin schulen, das Richtige zu berühren – in uns und um uns. Wenn wir in Berührung mit unseren Augen, unserem Herzen, unserer Leber, unserer Atmung sowie unseren Nicht-Zahnschmerzen kommen und uns wirklich darüber freuen, dann erkennen wir, daß die Bedingungen für Frieden und Glück schon gegenwärtig sind. Gehen wir achtsam und berühren die Erde mit unseren Füßen oder trinken wir zusammen mit Freunden Tee und berühren dabei den Tee und die Freundschaft, werden wir geheilt und können diese Heilung der Gesellschaft weitergeben. Je mehr wir in der Vergangenheit gelitten haben, desto größer werden unsere heilenden Kräfte. Wir können lernen, unsere Leiden in eine Art Einsicht umzuwandeln, die unseren Freunden und der gesamten Gesellschaft helfen wird.

Wir müssen nicht erst sterben, um ins Himmelreich zu

kommen. Tatsächlich genügt es, vollkommen lebendig zu sein. Atmen wir aufmerksam ein und aus und umarmen einen schönen Baum, sind wir im Himmel. Wenn wir einen bewußten Atemzug machen und uns dabei unserer Augen, unseres Herzens, unserer Leber und unserer Nicht-Zahnschmerzen bewußt sind, werden wir unmittelbar ins Paradies getragen. Frieden ist vorhanden. Wir müssen ihn nur berühren. Sind wir vollkommen lebendig, können wir erfahren, daß der Baum ein Teil des Himmels ist und daß auch wir Teil des Himmels sind. Das ganze Universum will uns dies offenbaren; wir jedoch haben jegliche Verbindung dazu verloren, so daß wir all unsere Kraft zum Abholzen der Bäume einsetzen. Wenn wir den Himmel auf Erden wollen, brauchen wir nur einen bewußten Atemzug und einen bewußten Schritt zu tun. Berühren wir den Frieden, wird alles Wirklichkeit. Wir werden wir selbst, vollkommen lebendig im gegenwärtigen Moment, und der Baum, unser Kind und alles andere offenbaren sich uns in ihrer ganzen Herrlichkeit.

»Auf der Erde zu gehen, das ist das Wunder.« Dieser Satz stammt von dem Zenmeister Lin Chi. Das Wunder besteht nicht darin, in dünner Luft oder auf Wasser zu wandeln, sondern auf der Erde zu gehen. Die Erde ist so schön. Und wir selbst sind auch schön. Wir können uns erlauben, achtsam zu gehen, mit jedem Schritt unsere wundervolle Mutter Erde zu berühren. Wir brauchen unseren Freunden nicht zu wünschen: »Friede sei mit dir«, denn der Friede ist bereits in ihnen. Wir müssen ihnen nur dabei helfen, die Gewohnheit zu entwickeln, in jedem Moment den Frieden zu berühren.

2

WIR ALLE SIND BLUMEN

In der Tradition des Zen sind Poesie und Meditation immer miteinander verbunden. Poesie besteht aus Bildern und Musik, und Bilder vereinfachen die Übung. Hier nun ist eine Übung, die uns bei der Schulung der Achtsamkeit hilft. Viele Freunde empfanden sie als inspirierend und wirkungsvoll:

> Einatmend weiß ich, daß ich einatme.
> Ausatmend weiß ich, daß ich ausatme.
> *Ein/aus.*

> Einatmend sehe ich mich selbst als Blume.
> Ausatmend fühle ich mich frisch.
> *Blume/frisch.*

> Einatmend sehe ich mich selbst als Berg.
> Ausatmend fühle ich mich unerschütterlich.
> *Berg/unerschütterlich.*

Einatmend sehe ich mich selbst als ruhiges Wasser.
Ausatmend spiegele ich die Dinge wider, wie sie sind.
Wasser/widerspiegeln.

Einatmend sehe ich mich selbst als weiten Raum.
Ausatmend fühle ich mich frei.
Raum/frei.

Wir alle, Kinder und Erwachsene, sind wie schöne Blumen. Vor allem wenn unsere Augen geschlossen sind, gleichen unsere Augenlider den Blütenblättern der Rose. Unsere Ohren gleichen Purpurwinden, die dem Gesang der Vögel lauschen. Wann immer wir lächeln, formen sich unsere Lippen zu einer schönen Blume. Und unsere Hände bilden eine fünfblättrige Lotosblume. Die Übung besteht darin, unser »Blumesein« lebendig und gegenwärtig zu halten, und dies nicht nur zu unserem eigenen Nutzen, sondern zum Wohlergehen aller.

Du weißt, daß der Stengel einer Blume austrocknet, wenn du sie einige Stunden ohne Wasser stehenläßt. Stellst du sie zurück ins Wasser, mag es schon zu spät sein, denn vielleicht kann die Blume das Wasser nicht mehr in sich aufnehmen. Um die Blume zu retten, mußt du den Stengel nochmals anschneiden, am besten während du sie unter Wasser hältst; so kann das Wasser direkt in die Zellen einströmen. Die Seiten des Stengels solltest du zudem ein wenig einschneiden, damit das Wasser auch seitlich eindringen kann. In kurzer Zeit wird deine Blume dann wieder zu blühen beginnen.

Jeder von uns ist eine Blume, aber manchmal ist unser Blumesein ermüdet und benötigt eine Auffrischung. Wir menschlichen Blumen brauchen Luft. Wenn wir tief und bewußt ein- und ausatmen, werden wir sofort zu blühen beginnen. Wir können während des Sitzens, Stehens, Liegens oder Umhergehens atmen und werden schon nach wenigen Minuten genügend erfrischt sein, um unser Blumesein mit anderen zu teilen.

Unsere Freunde brauchen uns als Blumen. Wenn unsere Freunde traurig sind und bemerken, wie glücklich wir sind, werden sie wieder zu ihrem eigenen Blumesein zurückkehren und lächeln. So stützen wir einander. Wissen wir, wie unser Blumesein wiederzubeleben ist, erweisen wir der Gemeinschaft einen echten Dienst.

Meditation bedeutet, uns selbst und anderen Frieden, Glück und Harmonie zu bringen. »Innehalten« ist die grundlegende Übung der Meditation. Um unser Blumesein lebendig zu halten, müssen wir lernen, unseren Sorgen und Ängsten, unserer Aufregung und Trauer Einhalt zu gebieten. So können wir Frieden und Glück finden und wieder lächeln. Wenn etwas nicht gut verläuft, ist es angebracht anzuhalten, um die unangenehmen und zerstörerischen Kräfte daran zu hindern, sich weiter fortzupflanzen. Anzuhalten bedeutet nicht zu unterdrücken; es bedeutet in erster Linie zu beruhigen. Wenn wir wollen, daß der Ozean ruhig ist, schöpfen wir nicht sein Wasser aus. Ohne Wasser bleibt nichts übrig. Bemerken wir in uns Ärger, Furcht und Aufregung, brauchen wir diese nicht abzutrennen. Wir müssen nur bewußt ein- und ausatmen; dies allein ist ausreichend, um den Sturm zu beruhigen. Wir brauchen nicht erst einen Sturm abzuwarten, um mit der Praxis zu beginnen. Wenn wir nicht leiden, führt zudem das achtsame Atmen dazu, daß wir uns wunderbar fühlen. Und es ist der beste Weg, uns darauf vorzubereiten, mit auftretenden Problemen fertig zu werden.

Atmen ist das beste Mittel, um Unglücklichsein, Aufregung, Furcht und Ärger Einhalt zu gebieten. Ob du sitzt, liegst, umhergehst oder stehst, du kannst in jeder beliebigen Haltung üben. Besonders angenehm ist es, draußen zu üben, wo die Luft so erfrischend ist. Du kannst dich ins Gras setzen oder legen oder langsam umhergehen, dabei ein- und ausatmen und deine Aufmerksamkeit auf jeden einzelnen Atemzug richten. Ohne an irgend etwas anderes zu denken, sagst du leise: »Beim Einatmen weiß ich, daß ich einatme. Beim Ausatmen weiß ich, daß ich ausatme«. Wenn du möchtest, kannst du auch beim Einatmen nur »ein« und bei Ausatmen »aus« sagen. Wir wissen, daß Asthmatiker sich nichts mehr wünschen, als frei atmen zu können. Daher sollten wir uns vergegenwärtigen, wie genüßlich das Atmen sein kann. Es erhält uns und kann uns viel Freude bereiten. Bitte übe »ein/aus«, so oft du magst – fünfmal, zehnmal, zwanzigmal oder mehr. Dies ist wesentlich für die Übung des Innehaltens, Beruhigens und Zurückkehrens zu unserer wahren Heimat im gegenwärtigen Moment.

Wenn du dich dann bereit fühlst, versuche dich an dem zweiten Schritt: »Einatmend sehe ich mich selbst als Blume. Ausatmend fühle ich mich frisch.« Wenn du einatmest, sage »Blume«, und wenn du ausatmest, sage »frisch«. Obwohl wir als Blumen geboren werden, sind wir nach einem Leben voller Sorge und Ängste vielleicht nicht mehr frisch. Vielleicht haben wir nicht gut genug auf unser Blumesein aufgepaßt. Üben wir uns aber dieser Vorgabe entsprechend, so begießen wir unsere Blume. Wenn wir gut üben, wird jede Zelle unseres Körpers lächeln, und in nur fünf bis zehn Sekunden – die Zeitspanne, um einmal ein- und auszuatmen – haben wir unser Blumesein wiederhergestellt. Mit dieser Übung sollten wir so lange fortfahren, bis unser Blumesein gefestigt ist.

Begegnen wir jemandem, der sehr frisch aussieht, möchten wir uns gerne in seine Nähe setzen. So jemand weiß sich selbst als Blume zu erhalten. Mit achtsamer Atmung können auch wir selbst ebenso frisch sein. Junge Menschen, die nicht viel gelitten haben, sind noch schöne Blumen – Blumen von der Art, die jederzeit eine Quelle der Freude für alle anderen bilden. Allein durch bewußtes Ein- und Ausatmen und Lächeln haben auch wir eine Blume, die wir anbieten können. Und je mehr wir das Atmen und Lächeln üben, desto schöner wird

23

unsere Blume werden. Eine Blume braucht nichts zu tun, um dienlich zu sein – lediglich Blume muß sie sein. Dies allein ist ausreichend. Ein einziger Mensch genügt – wenn er oder sie ein wahrer Mensch ist –, um der ganzen Welt Freude zu bringen. So übe also bitte Ein- und Ausatmen, und entdecke dein Blumesein. Du tust es für uns alle. Deine Frische und deine Freude bringen uns Frieden.

»Einatmend sehe ich mich selbst als Berg. Ausatmend fühle ich mich unerschütterlich. Berg/unerschütterlich.« Dies übt man am besten, indem man auf einem Kissen auf dem Boden sitzt, und zwar wenn möglich in der Lotos- oder halben Lotoshaltung. Beide sind sehr stabile Sitz- haltungen, und die Stabilität deines Körpers hilft dir, die Stabilität deines Geistes herbeizuführen. Es ist hilfreich, ein Kissen zu wählen, das die richtige Dicke besitzt, um dich zu unterstützen. Um in der Lotoshaltung zu sitzen, plaziere einen Fuß (für die halbe) oder beide Füße (für die volle Lotoshaltung) auf den jeweils gegenüberliegenden Oberschenkel. Wenn dies zu schwierig ist, kannst du auch jede andere angenehme Stellung einnehmen, aber versuche, deinen Rücken gerade zu halten und deine Hände sanft über deinem Schoß zu falten. Ziehst du es vor, auf einem Stuhl zu sitzen, sollten deine Füße flach auf dem Boden stehen und deine Hände im Schoß liegen. Oder wenn du auf dem Rücken liegen möchtest, dann halte deine Beine gestreckt und die Arme an deinen Seiten.

Stelle dir einen Baum im Sturm vor. An der Spitze des Baumes schwingen die Blätter und kleinen Äste heftig hin und her. Der Baum sieht verwundbar aus, fast zerbrechlich, er scheint jederzeit umknicken zu können. Wenn du aber auf den Stamm schaust, wirst du sehen, daß der Baum stabil ist. Und blickst du unten auf sein Wurzelwerk, wirst du erkennen, daß der Baum tief und fest in der Erde wurzelt. Der Baum ist ziemlich kräftig. Er kann dem Sturm widerstehen. Wir selbst sind auch eine Art von Baum. Unser Stamm, unser Zentrum, liegt knapp unterhalb des Nabels. Die Bereiche für unser Denken und unsere Empfindungen liegen auf der Ebene des Kopfes und der Brust. Wenn wir von einer starken Empfindung wie Verzweiflung, Angst, Ärger oder Eifersucht erfaßt werden, sollten wir so gut es geht versuchen, die Zone des Sturmes zu verlassen und ins Tal der Übung von Ein- und Ausatmen hinabzusteigen. Es könnte zu gefährlich werden, uns den stürmischen Winden auszusetzen. Wir können uns in unserem Stamm zurückziehen, ein- und ausatmen und uns des Hebens und Senkens unserer Bauchdecke bewußt sein.

Viele Menschen wissen nicht, wie sie mit Emotionen umgehen sollen. Wenn sie von einem starken Gefühl überwältigt werden, können sie es nicht ertragen und denken vielleicht sogar an Selbstmord. Dies geschieht, weil sie mitten im Sturm gefangen sind, wo sie sich hilflos fühlen. Sie empfinden, daß ihr Leben diese eine Gemütsbewegung ist – sei es nun Angst, Verzweiflung, Ärger oder Eifersucht. Ihr Leben zu beenden scheint ihnen der einzige Ausweg aus ihren Leiden zu sein.

Wir müssen das bewußte Atmen üben, weil wir dadurch lernen können, mit schwierigen Situationen und heftigen Emotionen umzugehen. »Einatmend sehe ich mich selbst als Berg. Ausatmend fühle ich mich unerschütterlich. Berg/unerschütterlich.« Wenn du dir des Hebens und Senkens der Bauchdecke bewußt bist, kannst du sie beim Einatmen etwas weiter anheben und beim Ausatmen ein wenig mehr senken. Übst du dies einige Minuten, wirst du sehen, daß du stärker bist, als du dachtest. Du bist viel mehr als deine Emotionen. Eine Gefühlsregung kommt, besteht eine Weile und vergeht wieder – das ist ihre Natur. Warum sollten wir wegen einer Emotion sterben? In jedem Fall wird sie früher oder später verfliegen. Gehe tief hinein zu deinem Stamm, und halte daran fest, atme ein und aus. Nach wenigen Minuten werden deine Emotionen nachlassen, und du kannst Meditation im Gehen oder Sitzen üben, oder du kannst in Achtsamkeit Tee trinken.

Warte mit der Übung nicht erst, bis eine Situation unangenehm geworden ist. Wenn du täglich die Übung Einatmen »Berg«, Ausatmen »unerschütterlich« durchführst, wird sie in weniger als drei Wochen zu einer Gewohnheit werden. Treten dann heftige Gefühlsregungen auf, wird es dir ein Leichtes sein, sie einfach zu beobachten, bis sie wieder vergehen. Wenn du vor dem Schlafengehen im Liegen übst, wirst du friedvoll einschlafen. In dir ist ein Berg. Nimm Fühlung mit ihm auf. Du bist stabiler und widerstandsfähiger, als du denkst.

Meditation bedeutet nicht, Probleme zu meiden oder vor Schwierigkeiten davonzulaufen. Wir üben uns nicht darin zu fliehen. Wir üben, um genügend Kraft zu haben, den Problemen wirksam begegnen zu können. Hierzu müssen wir ruhig, frisch und fest sein. Dies ist der Grund, warum wir uns in der Kunst des Innehaltens üben müssen. Lernen wir anzuhalten, werden wir ruhiger, und unser Geist wird klarer – so klar wie Wasser, nachdem sich die Schlammpartikel gesetzt haben. Indem wir ruhig dasitzen und nur ein- und ausatmen, entfalten wir Kraft, Konzentration und Klarheit. Deshalb sitze wie ein Berg. Kein noch so starker Wind kann den Berg umwehen. Wenn du eine halbe Stunde so sitzen kannst, dann genieße dieses halbstündige Sitzen. Wenn du für einige Minuten sitzen kannst, erfreue dich an diesem minutenlangen Sitzen. Schon das ist gut.

»Einatmend sehe ich mich selbst als ruhiges Wasser. Ausatmend spiegele ich die Dinge wider, so wie sie sind. Wasser/widerspiegeln.« In der Nähe des Berges befindet sich ein See mit klarem, ruhigem Wasser, in dem sich Berg und Himmel in reinster Klarheit widerspiegeln. Du vermagst genau dasselbe zu tun. Wenn du ruhig und klar genug bist, kannst du den Berg, den blauen Himmel und den Mond genau so, wie sie sind, widerspiegeln. Alles, was du siehst, spiegelst du genau so wider, wie es ist – ohne irgend etwas zu verzerren.

27

Hast du dich selbst schon einmal in einem Zerrspiegel betrachtet? Dein Gesicht wird länger, die Augen werden riesig, und deine Beine werden stark verkürzt. Sei nicht wie ein solcher Spiegel. Besser wäre es, wie das ruhige Wasser eines Bergsees zu sein. Oft geben wir die Dinge nicht klar wieder und leiden aufgrund unserer verzerrten Sichtweise. Ich gebrauche gern das folgende Beispiel: Angenommen, du gehst in der Dämmerung spazieren und siehst eine Schlange. Du schreist und läufst ins Haus, um deine Freunde zu holen. Alle zusammen rennt ihr dann mit einer Taschenlampe nach draußen. Sobald ihr aber den Schein der Lampe auf die Schlange richtet, entdeckt ihr, daß es überhaupt keine Schlange ist, sondern nur ein Strick. Dies ist ein Beispiel für eine falsche Wahrnehmung.

Wenn wir Dinge sehen oder anderen Leuten zuhören, sehen wir oft nicht klar und hören nicht richtig zu. Wir sehen oder hören unsere Projektionen und unsere Vorurteile. Wir sind nicht klar genug, und unsere Wahrnehmung ist falsch. Selbst wenn unser Freund uns ein Kompliment macht, geraten wir vielleicht in Streit mit ihm, denn wir verdrehen, was er sagt. Wenn wir nicht ruhig sind und nur auf unsere Hoffnungen und unseren Unwillen hören, werden wir nicht fähig sein, die Wahrheit wahrzunehmen, die versucht, sich in unserem See widerzuspiegeln. Wir müssen unser Wasser beruhigen, wenn wir die Wirklichkeit so empfangen wollen, wie sie ist. Bist du aufgeregt, tue nichts und sage nichts. Atme nur ein und aus, bis du wieder ruhig geworden bist. Dann bitte deinen Freund, das Gesagte zu wiederholen. Dies wird viel Schaden verhüten. Innere Ruhe ist die Grundlage für Verständnis und Einsicht. Innere Ruhe bedeutet Stärke.

Die Schulung des Innehaltens und Beruhigens schließt die Übung der Einsicht mit ein. Nicht nur der Berg, sondern auch alles andere – die Bäume, der Wind, die Vögel, alles in uns und um uns herum – möchte sich in uns widerspiegeln. Wir müssen nicht erst irgendwo hingehen, um die Wahrheit zu erhalten. Wir brauchen nur ruhig zu sein, und die Dinge selbst werden sich im ruhigen Wasser unseres Herzens offenbaren.

Der erfrischende Mond des Buddha
durchzieht den Himmel der äußersten Leerheit.
Ist der Teich des Bewußtseins ruhig,
wird der schöne Mond sich selbst in ihm widerspiegeln.

»Einatmend sehe ich mich selbst als weiten Raum. Ausatmend fühle ich mich frei. Raum/frei.« Wenn du Blumen aufstellst, ist es gut, wenn du um jede Blume herum etwas Platz läßt. So kann sie sich selbst mit all ihrer Schönheit und Frische zeigen. Du benötigst nicht viele Blumen – zwei oder drei genügen. Auch wir Menschen brauchen Raum, um glücklich zu sein. Wir üben das Innehalten und Beruhigen, um uns selbst und denen, die wir lieben, Raum zu geben – innen wie außen. Wir müssen unsere Pläne, unser Beschäftigtsein, unsere Sorgen und Trauer loslassen und Raum um uns herum schaffen. Raum ist Freiheit.

Eines Tages weilte der Buddha zusammen mit etwa dreißig Mönchen in einem Hain unweit der Stadt Vaisali. Es war früher Nachmittag, und sie waren im Begriff, eine Disputation über die Lehre zu führen, als ein Bauer vorüberkam, der sehr aufgeregt aussah. Er sagte, ihm seien alle seine zwölf Kühe davongelaufen. Er wollte wissen, ob der Buddha oder die Mönche sie gesehen hätten. Er fügte noch hinzu, daß er zwei Morgen Sesampflanzen besitze, die jedoch von Insekten vertilgt worden seien, und sagte: »Mönche, ich werde wohl sterben. Ich bin der unglücklichste Mensch auf Erden.«

Der Buddha erwiderte: »Wir haben deine Kühe nicht gesehen. Bitte suche sie woanders.« Nachdem der Mann gegangen war, wandte der Buddha sich an seine Mönche und sprach: »Freunde, ihr könnt euch glücklich schätzen, daß ihr keine Kühe besitzt.«

Unsere Übung ist es, unsere Kühe gehen zu lassen. Besitzen wir zu viele Kühe, innen oder außen, sollten wir sie ziehen lassen. Ohne Raum gibt es keine Möglichkeit, glücklich zu werden. Wir nehmen uns so vieler Dinge an, wir sorgen uns um so vieles, wir hegen so viele Pläne und denken, sie alle seien für unser Wohlergehen unerläßlich. Aber dies ist nicht richtig. Je mehr Kühe wir freilassen, desto glücklicher werden wir.

»Der erfrischende Mond des Buddha zieht über den Himmel der äußersten Leerheit.« Dies ist ein Gleichnis für jemanden, der über Raum und Freiheit verfügt, innen wie außen. Alles können wir auf eine Art und Weise tun, durch die wir unsere Freiheit wiedererlangen – sei es, daß wir gehen, Tee trinken oder uns unterhalten. Wir müssen die Dinge nicht unter Druck tun. Wir können uns selbst mit nur wenigen Vorhaben bescheiden und diese dann mit Freude und heiterer Ruhe ausführen. Wir können den Kühen, die uns in Aufregung versetzen, widerstehen. Unsere Freiheit und unser Glück sind zu wichtig, um diesen Dingen geopfert zu werden.

Wir müssen aufhören, unseren Körper und unsere Seele für die Idee von zukünftigem Glück zu zerstören. Wir müssen lernen, glücklich im gegenwärtigen Augenblick zu leben, und den Frieden und die Freude zu berühren, die jetzt zur Verfügung stehen. Wenn jemand uns fragen würde: »Ist der beste Augenblick deines Lebens schon dagewesen?«, mögen wir vielleicht entgegnen, daß er kurz bevorstehe. Wenn wir aber in derselben Weise zu leben fortfahren, wird er vielleicht niemals eintreten. Wir müssen den jetzigen Augenblick in den wundervollsten Augenblick verwandeln. Und dies vermögen wir, indem wir anhalten – wir hören auf, in die Zukunft zu laufen; wir hören auf, uns um Vergangenes zu sorgen; wir hören auf, uns zu viele Kühe anzuschaffen. Du bist ein freier Mensch; du bist lebendig. Öffne deine Augen, und genieße den Sonnenschein, den wunderbaren Himmel und die lieben Kinder um dich herum. Bewußt ein- und auszuatmen hilft dir, das Beste aus dir zu machen – ruhig, frisch, fest, klar und frei, fähig, dich am gegenwärtigen Moment als dem besten Moment deines Lebens zu erfreuen.

3
UNSERE
NICHT-BLUME-ELEMENTE
VERWANDELN

Wenn wir eine Blume eingehend betrachten, können wir erkennen, daß sie einzig und allein aus Nicht-Blume-Elementen entstanden ist wie Sonnenschein, Regen, Erde, Kompost, Luft und Zeit. Schauen wir sie weiter eingehend an, werden wir auch bemerken, daß die Blume dabei ist, wieder zu Kompost zu werden. Sollten wir dies nicht bemerken, erschrecken wir, wenn die Blume anfängt, sich zu zersetzen. Und betrachten wir eingehend den Kompost, so sehen wir, daß auch er sich in einer Wandlung befindet, denn er wird zur Blume. So erkennen wir, daß Blumen und Kompost ineinander sind (engl.: »inter are«). Sie brauchen einander. Ein guter Biogärtner verachtet den Kompost nicht, denn er versteht es, ihn in Ringelblumen, Rosen und viele andere Blumenarten umzuwandeln.

Wenn wir tief in uns selbst hineinblicken, sehen wir sowohl Blumen als auch Abfall. Jeder von uns trägt Ärger, Haß, Depressionen, Rassendiskriminierung und viele andere Arten von Abfall in sich, doch besteht kein Grund zur Furcht. Wie der Gärtner es versteht, Kompost in Blumen zu verwandeln, so können auch wir die Kunst erlernen, Ärger, Depression und Rassendiskriminierung in Liebe und Verständnis umzuwandeln. Dies bewirkt die Meditation.

Nach der buddhistischen Psychologie ist unser Bewußtsein zweigeteilt, ähnlich einem Haus mit zwei Etagen. Im Erdgeschoß befindet sich ein Wohnzimmer, das wir »geistiges Bewußtsein« nennen. Unterhalb der Erde liegt ein Keller, den wir als »Speicherbewußtsein« bezeichnen. Alles, was wir jemals getan, erlebt oder wahrgenommen haben, ist in Form von Samen oder als eine Art Film in dem Speicherbewußtsein gelagert. Unser Kellerraum ist ein Archiv für alle erdenklichen Arten von Filmen, die auf Videokassette aufgenommen wurden. Wir selbst sitzen in einem Sessel oben im Wohnzimmer und schauen diese Filme an, wenn sie aus dem Keller heraufgebracht werden.

Bestimmte Filme wie *Ärger, Furcht* und *Verzweiflung* scheinen die Fähigkeit zu besitzen, ganz von selbst aus dem Keller heraufzukommen. Sie öffnen die Tür zum Wohnzimmer und huschen von selbst in den Videorecorder, ganz gleich, ob wir sie ausgesucht haben oder nicht. Geschieht so etwas, fühlen wir uns wie gelähmt, und wir konnten nicht umhin, sie anzuschauen. Glücklicherweise hat jeder Film eine begrenzte Spieldauer, und wenn er vorüber ist, kehrt er wieder in den Keller zurück. Aber jedesmal, wenn wir ihn anschauen, nimmt er auf dem Regal im Archiv eine günstigere Position ein, und so wissen wir, daß er schon bald zurückkommen wird. Manchmal wird ein äußerer Anlaß – zum Beispiel sagt jemand etwas, das unsere Gefühle verletzt – zum Auslöser dafür, daß ein Film auf unserem Bildschirm abläuft. Wir verwenden viel Zeit darauf, diese Filme anzusehen, und viele von ihnen richten uns zugrunde. Zu lernen, wie man sie anhalten kann, ist für unser Wohlergehen sehr wichtig.

Traditionelle Schriften beschreiben das Bewußtsein als ein Feld, ein Stück Land, auf dem alle möglichen Arten von Samen gesät werden können – Samen für Leiden, für Glück, Freude, Kummer, Furcht, Ärger und Hoffnung. Und das Speicherbewußtsein wird auch als ein Vorratslager beschrieben, das mit all unseren Samen angefüllt ist. Sobald ein Same sich in unserem geistigen Bewußtsein manifestiert, wird er stets kraftvoller ins Vorratslager zurückkehren. Die Qualität unseres Lebens hängt von der Beschaffenheit der Samen in unserem Speicherbewußtsein ab.

Wir mögen die Angewohnheit haben, vor allem die Samen von Ärger, Leid und Furcht in unserem geistigen Bewußtsein zu manifestieren, wohingegen die Samen von Freude, Glück und Frieden sich vielleicht nicht so sehr in uns entwickeln. Achtsamkeit zu üben bedeutet, jeden Samen zu erkennen, wenn er aus dem Vorratslager heraufkommt, und sich anzugewöhnen, die stärksten heilsamen Samen, wann immer möglich, zu wässern, um sie noch kräftiger werden zu lassen. Jeden einzelnen Moment, in dem wir etwas Friedvolles und Schönes bewußt wahrnehmen, bewässern wir die Samen für Frieden und Schönheit in uns. So werden wunderschöne Blumen in unserem Bewußtsein blühen. Je länger wir den Samen wässern, desto mehr nimmt die Kraft des Samens zu. Wenn wir zum Beispiel fünf Minuten vor einem Baum stehen, bewußt ein- und ausatmen und uns fünf Minuten an ihm erfreuen, werden die Samen für Glück in uns fünf Minuten lang gewässert, wodurch sie stärker keimen werden. Während derselben fünf Minuten werden andere Samen wie Angst und Schmerz nicht bewässert. Wir müssen jeden Tag in dieser Weise üben. Jeder Same, der sich in unserem geistigen Bewußtsein manifestiert, kehrt immer gestärkt in unser Speicherbewußtsein zurück. Wässern wir sorgsam unsere heilsamen Samen, können wir gewiß sein, daß unser Speicherbewußtsein einen Heilungsprozeß vollzieht.

Unserem Körper wohnt eine heilende Kraft inne. Jedesmal, wenn wir uns in den Finger schneiden, waschen wir sorgsam die Wunde aus und überlassen das Heilen unserem Körper. In einigen Stunden oder innerhalb eines Tages ist der Schnitt verheilt. In gleicher Weise besitzt unser Bewußtsein eine heilende Kraft. Nehmen wir an, du siehst jemanden auf der Straße, den du vor zwanzig Jahren gut gekannt hast, aber du erinnerst dich nicht an seinen Namen. Der Same für ihn in deiner Erinnerung ist ziemlich schwach geworden, denn sehr lange Zeit hatte er keine Möglichkeit gehabt, sich in deiner oberen Bewußtseinsebene zu manifestieren. Auf dem Rückweg durchsuchst du dann deinen ganzen Keller, um den Samen jenes Namens zu finden, aber es gelingt dir nicht. Schließlich bekommst du von dem angestrengten Suchen sogar Kopfweh. So beendest du das Forschen und lauschst lieber der schönen Musik von einer Kassette oder CD. Danach erfreust du dich vielleicht noch an einem köstlichen Abendessen und schläfst in der Nacht tief und fest. Am Morgen, wenn du dir die Zähne putzt, taucht dann plötzlich sein Name auf. »O ja, so heißt er!« Das bedeutet, daß in der Nacht, während dein geistiges Bewußtsein die Suche beendete, das Speicherbewußtsein mit der Arbeit fortfuhr und dir am Morgen das Resultat vorlegte.

Heilung kennt viele Wege. Fühlen wir uns verärgert, bedrängt oder verzweifelt, brauchen wir nur achtsam ein- und auszuatmen und die Gefühle von Ärger, Bedrängtheit oder Verzweiflung zu erkennen, und dann können wir unserem Bewußtsein die Aufgabe der Heilung überlassen. Aber allein durch die Berührung des Schmerzes ist Heilung nicht möglich. Das Berühren kann ihn gegebenenfalls sogar verschlimmern, falls wir noch nicht dazu bereit sind. Zuallererst müssen wir uns selbst stärken, und der einfachste Weg hierzu ist, Freude und Frieden zu berühren. Es gibt so viele wunderbare Dinge, aber weil wir unsere Aufmerksamkeit immer auf das gerichtet haben, was nicht stimmt, konnten wir bisher nicht dasjenige berühren, was richtig ist. Wenn wir einige Anstrengungen machen, ein- und auszuatmen, und dabei das Richtige berühren, geht die Heilung leichter vonstatten. Viele von uns leiden so sehr, daß es schwierig für uns ist, eine Blume zu berühren oder die Hand eines Kindes zu halten. Doch wir müssen uns bemühen, die Gewohnheit zu entwickeln, das zu berühren, was schön und heilsam ist. So können wir unser Speicherbewußtsein dabei unterstützen, den Heilungsprozeß zu vollziehen. Wenn wir dasjenige berühren, was friedvoll und heilkräftig in uns und um uns herum ist, können wir unserem Speicherbewußtsein dabei helfen, die Arbeit der Verwandlung zu verrichten. Wir lassen uns von den Bäumen, den Vögeln und den liebenswerten Kindern heilen. Wenn wir dies nicht tun, werden wir unsere Leiden nur erneut erleben.

Ein wunderbarer Same in unserem Speicherbewußtsein – der Same der Achtsamkeit – hat, wenn er manifestiert wird, die Fähigkeit, sich dessen bewußt zu sein, was im gegenwärtigen Augenblick geschieht. Wenn wir einen friedvollen, glücklichen Schritt machen und wissen, daß wir einen friedvollen, glücklichen Schritt tun, dann ist Achtsamkeit da. Achtsamkeit ist ein wichtiges Mittel für unsere Umwandlung und Heilung; aber der Same unserer Achtsamkeit liegt schon seit langer Zeit unter vielen Schichten von *Unachtsamkeit* und Schmerz begraben. Selten ist uns bewußt, daß wir Augen haben, die klar sehen, daß wir ein Herz und eine Leber besitzen, die gut funktionieren, und daß wir frei von Zahnweh sind. Wir leben in *Unachtsamkeit*, suchen woanders nach Glück, und wir ignorieren und erdrücken die kostbaren Glücksfaktoren, die bereits in uns und um uns herum vorhanden sind. Atmen wir hingegen ein und aus und sehen, daß der Baum da ist, lebendig und schön, wird der Same unserer Achtsamkeit bewässert und gestärkt. Wenn wir mit der Übung anfangen, wird unsere Aufmerksamkeit noch so schwach wie eine 15-Watt-Glühbirne sein. Sobald wir aber unsere Aufmerksamkeit auf unseren Atem richten, wird sie anfangen, stärker zu werden. Wenn wir so mit unserer Übung einige Wochen fortfahren, wird die Achtsamkeit so hell wie eine 100-Watt-Glühbirne erstrahlen. Durch das helle Licht der Achtsamkeit berühren wir viele wunderbare Aspekte in uns und um uns, was wiederum zur Folge hat, daß die Samen von Frieden, Freude und Glück in uns begossen werden; zugleich aber nehmen wir davon Abstand, die Samen für Leid zu bewässern.

Zu Beginn sind die Samen für unser Unglücklichsein recht kräftig, da wir sie jeden Tag bewässert haben. Die Samen des Ärgers sind von unserem Ehegatten oder unseren Kindern begossen worden. Da sie selbst leiden, können sie auch nur unsere Samen für Leiden wässern. Besitzen diese Samen für das Unglücklichsein große Kraft, werden sie, selbst ohne von uns eingeladen zu sein, aus dem Keller heraufkommen, die Tür aufstoßen und in das Wohnzimmer hineindrängen. Wenn sie eintreten, ist das ganz und gar nicht angenehm. Wir werden vielleicht versuchen, sie zu unterdrücken und im Keller festzuhalten. Weil wir sie aber so oft begossen haben, besitzen sie genügend Kraft, um geradewegs in der höheren Ebene unseres Bewußtseins aufzutauchen – auch ohne Einladung.

Viele von uns fühlen sich genötigt, immer etwas zu tun – Walkman zu hören, Fernsehen zu schauen, ein Buch oder eine Zeitschrift zu lesen, zu telefonieren. Wir wollen uns in unserem Wohnzimmer fortwährend beschäftigen, damit wir uns nicht mit unseren Sorgen und Ängsten auseinandersetzen müssen, die wir in unserem Keller haben. Wenn wir aber tief in das Wesen der Gäste schauen, die wir in unser Wohnzimmer einladen, werden wir sehen, daß viele von ihnen dieselben Gifte in sich tragen, wie sie auch in den schlechten Samen vorhanden sind, die wir ja so angestrengt zu vermeiden suchen. Selbst wenn wir diese negativen Samen am Aufsteigen hindern, wässern und stärken wir sie dennoch. Einige von uns mögen sich sogar im sozialen Bereich oder Umweltschutz engagieren, nur um nicht unsere eigentlichen Probleme sehen zu müssen.

Um glücklich zu sein, müssen wir den Samen der Achtsamkeit wässern, der in uns liegt. Achtsamkeit ist der Same für Erleuchtung, für Bewußtheit, Verstehen, Fürsorge, Mitgefühl, für Befreiung, Veränderung und Heilung. Üben wir Achtsamkeit, kommen wir in Berührung mit den erfrischenden und freudvollen Aspekten des

Lebens in uns und um uns herum – Aspekte, die wir sonst, wenn wir in *Unachtsamkeit* dahinleben, nicht berühren können. Achtsamkeit macht solche Dinge wie unsere Augen, unser Herz, unser Nicht-Zahnweh, den schönen Mond und die Bäume bedeutungsvoller und anmutiger. Berühren wir diese wundervollen Dinge mit Achtsamkeit, werden sie ihren vollen Glanz offenbaren. Wenn wir unseren Schmerz mit Achtsamkeit berühren, werden wir beginnen, ihn umzuwandeln. Schreit im Wohnzimmer ein kleines Kind, geht die Mutter direkt zu ihm, um es zärtlich in ihre Arme zu nehmen. Weil die Mutter voller Liebe und Zärtlichkeit ist, werden Liebe und Zärtlichkeit auch das Kind durchdringen, und wahrscheinlich wird es in wenigen Minuten mit dem Schreien aufhören. Achtsamkeit ist die Mutter, die sich um deinen Schmerz kümmert, wann immer er zu schreien anfängt.

Während der Schmerz im Keller ist, kannst du dich, indem du Aufmerksamkeit entwickelst, vieler erfrischender und heilender Aspekte des Lebens erfreuen. Wenn dann der Schmerz heraufkommen möchte, kannst du deinen Walkman abschalten, dein Buch schließen, die Tür zum Wohnzimmer öffnen und deinen Schmerz einladen, nach oben zu kommen. Du kannst ihn anlächeln und mit deiner nun gestärkten Achtsamkeit umarmen. Wenn zum Beispiel Furcht heraufkommen möchte, ignoriere sie nicht. Begrüße sie herzlich mit deiner Achtsamkeit. »Furcht, meine alte Freundin, ich erkenne dich.« Wenn du dich vor deiner Furcht ängstigst, wird sie dich vielleicht überwältigen. Lädst du sie aber gelassen ein, nach oben zu kommen, und lächelst sie dann mit Achtsamkeit an, wird sie etwas an Kraft verlieren. Nachdem du für einige Wochen die Samen der Aufmerksamkeit bewässert hast, wirst du genügend gestärkt sein, deine Furcht einzuladen, jederzeit nach oben zu kommen, und du wirst sie mit deiner Achtsamkeit umarmen können. Vielleicht wird es nicht rundherum angenehm sein, aber durch die Aufmerksamkeit bist du dabei sicher.

Wenn du einen leichteren Schmerz mit Achtsamkeit annimmst, wird er innerhalb weniger Minuten verwandelt sein. Du brauchst nur ein- und auszuatmen und ihn anzulächeln. Hast du aber eine ganze Ladung von heftigeren Schmerzen, wird auch mehr Zeit erforderlich sein. Übe Meditation im Sitzen und Gehen, während du deinen Schmerz mit Achtsamkeit umarmst, so wird er früher oder später umgewandelt werden. Wenn du aufgrund der Übung die Qualität deiner Aufmerksamkeit verbessert hast, wird die Umwandlung schneller geschehen. Wird der Schmerz von der Achtsamkeit umarmt, beginnt diese den Schmerz zu durchdringen und umzuwandeln, wie die Sonnenstrahlen eine Blumenknospe durchdringen und ihr zum Blühen verhelfen. Wenn die Achtsamkeit etwas Schönes berührt, offenbart sie dessen Schönheit. Wenn sie etwas Schmerzvolles berührt, wandelt sie es um und heilt es.

Ein anderer Weg, die Umwandlung zu beschleunigen, ist das tiefe Schauen. Wenn wir eine Blume eingehender betrachten, erkennen wir die Nicht-Blume-Elemente, die ihr zum Sein verhelfen – die Wolken, die Erde, der Gärtner, der Boden. Wenn wir tief in unseren Schmerz hineinblicken, sehen wir, daß unser Leiden nicht nur unser eigenes ist. Viele Samen für Leiden sind von unseren Vorfahren, unseren Eltern und unserer Gesellschaft an uns weitergegeben worden. Wir müssen diese Samen erkennen. Ein Junge, der in Plum Village praktiziert, erzählte mir folgende Geschichte. Als er elf Jahre alt war, hegte er einen starken Groll gegen seinen Vater. Jedesmal, wenn er hinfiel und sich weh tat, wurde sein Vater ärgerlich und schrie ihn an. Der Junge schwor sich, daß er anders handeln werde, wenn er erwachsen wäre. Aber in jener Zeit spielte seine kleine Schwester einmal mit anderen Kindern, fiel dabei von der Schaukel und schrammte sich das Knie auf. Es blutete, und der Junge wurde sehr ärgerlich. Er wollte ihr zurufen: »Wie dumm du bist! Warum hast du das getan?« Doch dann besann er sich. Weil er Achtsamkeit geübt hatte, wußte er, wie er seinen Ärger als Ärger erkennen konnte, und reagierte nicht darauf.

Einige Erwachsene, die zugegen waren, kümmerten sich um seine Schwester, wuschen die Wunde aus und legten einen Verband an, so ging er langsam fort und übte sich im tiefen Schauen. Plötzlich erkannte er, daß er genauso war wie sein Vater, und er sah, daß er seinen Ärger auf seine Kinder übertragen würde, wenn er nicht irgend etwas dagegen unternähme. Es war eine bemerkenswerte Einsicht für einen elfjährigen Jungen. Zur gleichen Zeit wurde ihm klar, daß – genau wie er selbst – sein Vater vielleicht nur ein Opfer war. Möglicherweise hatten seine Großeltern die Samen für den Ärger an seinen Vater weitergegeben. Aufgrund der Achtsamkeitsübung des tiefen Schauens war er fähig, seinen Ärger in Einsicht umzuwandeln. Daraufhin ging er zu seinem Vater und erzählte ihm, daß er ihn, da er ihn jetzt verstehe, wirklich lieben könne.

Wenn wir verärgert sind und etwas Unfreundliches zu unseren Kindern sagen, bewässern wir die Samen für Leiden in ihnen. Wenn sie darauf in gleicher Weise reagieren, begießen sie die Samen der Leiden in uns. In dieser Weise zu leben läßt die Leiden nur weiter anwachsen und sich verstärken. In der Achtsamkeit – indem wir ruhig ein- und ausatmen – können wir uns darin üben, tief in die verschiedenen Formen von Leiden, die wir in uns tragen, hineinzuschauen. Wenn wir dies tun, beginnen wir auch, unsere Vorfahren, unsere Kultur und unsere Gesellschaft zu verstehen. In dem Moment, in dem wir dies sehen, können wir zurückkehren und unseren Angehörigen mit liebender Güte und Mitgefühl dienen, ohne Schuldzuweisungen. Aufgrund unserer Einsicht können wir wirklichen Frieden und wirkliche Versöhnung üben. Wenn du die Konflikte zwischen dir und anderen löst, beseitigst du auch die Konflikte in dir selbst. Ein einziger Pfeil kann zwei Vögel gleichzeitig retten – wenn du den Ast triffst, werden beide Vögel davonfliegen. Zunächst gib auf dich selbst acht. Versöhne die sich bekämpfenden

Elemente in dir, indem du achtsam bist und liebende Güte praktizierst. Dann versöhne dich mit deinen Angehörigen, indem du ihnen Verständnis und Liebe entgegenbringst, selbst dann, wenn ihnen das Verständnis fehlt.

Die Samen für die Leiden versuchen immer, an die Oberfläche zu kommen. Wenn wir uns bemühen, sie zu unterdrücken, behindern wir den freien Fluß unserer Psyche und fühlen uns krank. Die Übung der Achtsamkeit hilft uns, stark genug zu werden, um die Tür zu unserem Wohnzimmer zu öffnen und den Schmerz heraufkommen zu lassen. Jedesmal, wenn wir unseren Schmerz in Achtsamkeit einbetten, wird er etwas an Stärke verlieren, und später, wenn er zum Speicherbewußtsein zurückkehrt, wird er noch schwächer sein. Sollte er dann wieder heraufkommen und unsere Achtsamkeit begrüßt ihn wie eine Mutter ihr Kind, wird der Schmerz nachlassen und noch geschwächter wieder hinunter in den Keller zurückkehren. In dieser Weise ermöglichen wir einen freien Fluß in unserer Psyche und werden anfangen, uns wesentlich besser zu fühlen. Wenn das Blut in unserem Körper gut zirkuliert, erfahren wir Wohlbefinden. Fließt die Energie unserer geistigen Bildekräfte gut zwischen unserem Speicherbewußtsein und unserem geistigen Bewußtsein hin und her, schenkt uns das gleichfalls Wohlbefinden. Wenn unsere Achtsamkeit da ist, um den Schmerz zu umarmen und zu verwandeln, brauchen wir ihn nicht zu fürchten.

Unser Bewußtsein ist die Gesamtheit unserer Samen, die Gesamtheit unserer Filme. Sind die guten Samen stark, werden wir glücklicher sein. Meditation läßt den Samen der Achtsamkeit anwachsen und sich als das Licht in uns entfalten. Wenn wir uns darin üben, achtsam zu leben, werden wir erkennen, wie die Samen der Freude zu bewässern sind und wie wir die Samen für Sorgen und Leiden umzuwandeln haben, damit Verständnis, Mitgefühl und liebende Güte in uns aufblühen.

4

WIR SIND ANGEKOMMEN

Eines Tages saß ich in einem Bus in Indien zusammen mit einem Freund, der meinen Besuch dort organisierte. Mein Freund gehörte einer Kaste an, die über Tausende von Jahren diskriminiert wurde. Während ich den Blick aus dem Fenster genoß, bemerkte ich, daß er ziemlich angespannt war. Ich wußte, daß er sich sehr darum bemühte, meinen Aufenthalt möglichst angenehm zu gestalten, und so sagte ich: »Bitte entspanne dich. Der Besuch macht mir bereits viel Freude. Alles ist bestens.« Es gab wirklich keinen Grund, sich Sorgen zu machen. Er lehnte sich zurück und lächelte, aber innerhalb weniger Augenblicke war er wieder verkrampft. Wenn ich ihn anschaute, sah ich den Kampf, der sich in ihm als Person und innerhalb der ganzen Kaste seit vier- oder fünftausend Jahren abspielte. Jetzt, da er meinen Besuch organisierte, setzte sich der Kampf in ihm fort. Er konnte sich keine einzige Sekunde entspannen.

Wir alle neigen dazu, uns körperlich und geistig abzuquälen. Wir glauben, Glück könne es nur in der Zukunft geben. Deshalb ist die Übung »Ich bin angekommen« von so großer Bedeutung. Die Erkenntnis, daß wir bereits angelangt sind, daß wir nicht noch weiter reisen müssen, daß wir bereits hier sind, kann uns Frieden und Freude geben. Die Voraussetzungen für unser Glück sind bereits ausreichend vorhanden; wir brauchen uns nur zu erlauben, ganz in der Gegenwart zu stehen, und wir werden sie berühren können.

Im Bus sitzend, erlaubte sich mein Freund immer noch nicht, im gegenwärtigen Moment zu sein. Er sorgte sich darum, wie er es mir behaglich machen könnte, während mir bereits behaglich zumute war. Ich schlug ihm vor, daß er es sich selbst angenehm machen solle; aber es war nicht einfach für ihn, da die Macht der Gewohnheit schon lange wirkte. Selbst als der Bus an der Station angekommen war und wir ausstiegen, konnte sich mein Freund immer noch nicht freuen. Mein gesamter Indienbesuch verlief sehr gut, und seine Organisation der Reise war ein voller Erfolg, doch befürchte ich, daß sich mein Freund bis zum heutigen Tage noch nicht entspannen kann. Wir stehen unter dem Einfluß früherer Generationen unserer Vorfahren und unserer Gesellschaft. Die Übung des Innehaltens und tiefen Schauens dient dazu, dieser Macht der Gewohnheit, die von unseren negativen Samen gestützt wird, Einhalt zu gebieten. Wenn wir es schaffen innezuhalten, tun wir es für sie alle, und wir beenden den Teufelskreis, der *Samsara* genannt wird.

Wir müssen so leben, daß unsere Vorfahren und die

zukünftigen Generationen, die in uns sind, befreit werden. Freude, Frieden, Freiheit und Harmonie sind keine persönlichen Angelegenheiten. Wenn wir unsere Vorfahren nicht befreien, werden wir in allen unseren Leben in Knechtschaft verharren, und wir werden dies auf unsere Kinder und Enkel übertragen. Sie alle zu befreien bedeutet, uns selbst zu befreien. Und jetzt ist die Zeit, dies zu tun. Dies ist die Lehre vom Ineinander oder Einssein (engl.: interbeing). Solange unsere Vorfahren in uns noch leiden, können wir nicht wirklich glücklich sein. Wenn wir achtsam einen Schritt machen – frei, glücklich die Erde berührend –, tun wir dies für alle früheren und zukünftigen Generationen. Sie alle kommen im selben Moment wie wir an, und wir alle finden zur selben Zeit Frieden.

In uns allen ist ein Baby, das wir beschützen müssen. Dieses Kind birgt alle zukünftigen Generationen in sich, und die beste Art, es zu beschützen, ist, die Kunst des achtsamen Lebens zu üben. Selbst bevor unser Baby empfangen wird, ist es schon da. Wenn wir uns jetzt um es kümmern, werden wir bereit sein, wenn der Arzt uns sagt, daß es in unserem Schoß ist.

Im *Avatamsaka Sutra* gibt es eine Geschichte über Mahamaya, die Mutter des Buddha, und über einen jungen Mann namens Sudhana, der gelobt hatte, Erleuchtung zu erlangen. Mahamaya hatte ein achtsames, friedvolles Leben geführt, und ihre heitere Gegenwart war für jeden eine große Freude. Als sie erfuhr, daß sie schwanger war,

war sie bereit. Sudhanas Lehrer, Manjushri Bodhisattva, hatte ihn gebeten, mit anderen zusammen zu studieren, um sein Wissen zu erweitern, und so begab sich Sudhana auf eine Pilgerreise. Während dieser traf er mit dreiundfünfzig Lehrern zusammen, unter denen sich Intellektuelle, Arbeiter, Kinder, Mönche, Nonnen, Laienanhänger, Buddhisten und Nichtbuddhisten befanden, was bedeutet, daß wir von einem jeden lernen können. Unter diesen dreiundfünfzig Lehrern war auch Mahamaya.

Sudhana mußte feststellen, daß es nicht einfach war, die Mutter des Buddha zu treffen. Er wurde angewiesen, sehr konzentriert zu meditieren, wenn er sie wirklich sehen wolle. So setzte er sich mit gekreuzten Beinen nieder und übte achtsames Atmen, und plötzlich entsproß direkt vor ihm aus der Erde eine riesengroße Lotosblume mit einhundert Millionen Blütenblättern. Im Nu fand er sich selbst auf einem der Blütenblätter sitzend, das ebenfalls ein riesiger Lotos mit hundert Millionen Blütenblättern war. Direkt vor ihm befand sich Mahamaya, die auf einem anderen Lotos mit gleichfalls einhundert Millionen Blütenblättern saß, und das Blütenblatt, auf dem sie verweilte, war in sich wiederum ein riesenhafter Lotos mit einhundert Millionen Blütenblättern. Sudhana lächelte voller Freude, als er sich vor der Mutter des Buddha verneigte.

Mahamaya konnte erkennen, daß Sudhana Erleuchtung suchte, und sprach zu ihm: »Meine innigsten Segenswünsche, junger Mann. Ich freue mich, dich zu sehen. Ich bin die Mutter aller Buddhas in sämtlichen Welten – in Vergangenheit, Gegenwart und Zukunft.« Weiter sagte sie: »Junger Mann, als ich mit Siddhartha, dem Buddha Shakyamuni, schwanger ging, sind aus allen Richtungen des Universums Hunderte Millionen von Buddhas und Bodhisattvas gekommen, um meinem Sohn Respekt zu erweisen. Ich konnte ihnen dies nicht verwehren, und so sind alle zur selben Zeit in meinen Leib eingegangen. Und weißt du, es war mehr als genug Raum für sie alle vorhanden!«

In diesem Moment gelobte Sudhana, Erleuchtung zu erlangen, um alle Wesen erwecken zu können, und gleich darauf nahm er wahr, wie alle Buddhas im Universum ihre Arme ausstreckten, um ihn durch Auflegen ihrer Hände auf sein Haupt zu beglückwünschen, wobei sich ihre Hände nicht behinderten! Wenn jemand gelobt, ein Bodhisattva zu sein, kann sich dies im ganzen Universum auswirken und verspürt werden. Dieses Gelöbnis ist ausreichend, um die Welt zu verändern, und alle Buddhas wissen darum, und so berühren sie sanft dein Haupt und beglückwünschen dich mit einem Lächeln.

Im selben Sutra lesen wir, daß Diamantene Matrix, als er die höchste der zehn Bodhisattva-Ebenen erlangte, eine Belehrung über seine Erfahrungen in der Übung gab. Viele andere Bodhisattvas kamen, um ihm zuzuhören, und im Anschluß an seine Rede erschienen aus allen Bereichen des Universums noch weitere Millionen von Bodhisattvas mit dem Namen Diamantene Matrix und sprachen zu ihm: »Wir gratulieren! Wir heißen ebenfalls Diamantene Matrix, und wir haben genau die gleichen Belehrungen überall im Universum gegeben.«

Diese Bilder verdeutlichen das Prinzip des Einsseins – das Eine ist das Viele, und die Vielen sind das Eine. Sich gut um sein Baby zu kümmern bedeutet, sich um alles andere zu kümmern. Im *Avatamsaka Sutra* wird die *Dharmadhatu* als eine Welt des Lichts und des Einsseins beschrieben. Der Mond ist in mir. Meine Geliebte ist in mir. Jene, die mir Leiden zufügen, sind ebenfalls in mir. Unsere Welt der Unterscheidung und des Leidens wird *Lokadhatu* genannt. Es ist eine Welt, in der die Dinge außerhalb voneinander existieren – ich bin außerhalb von dir, und Saddam Hussein ist außerhalb von Präsident Bush. Aber in der Dharmadhatu ist Präsident Hussein innerhalb von Präsident Bush, und es gibt keinen Haß und keine Schuldzuweisung. In der Dharmadhatu sind wir im Wunder des Einsseins. Leben und Tod sind ineinander. Niemand fürchtet sich zu sterben, denn sterben bedeutet, zur gleichen Zeit als etwas anderes geboren zu werden. Wenn eine Wolke stirbt, wird sie zu Regen. Um uns selbst zu erhalten, müssen wir in die Dharmadhatu eintreten.

In Wirklichkeit ist die Dharmadhatu nicht verschieden von der Lokadhatu. Mit einem achtsamen Schritt, in völligem Gewahrsein die Erde berührend, treten wir in die Dharmadhatu ein und werden von Licht umgeben. Wir sind dort alles, es gibt keine Unterscheidung. Alles, was wir für uns tun, ist für andere; alles, was wir für andere tun, ist für uns. Achtsamkeit zu üben bedeutet, sich bestmöglich um das Baby in uns zu kümmern und es in jedem Moment unseres Lebens zur Welt zu bringen. Jeden Moment, den wir wirklich wach sind, wird ein Baby-Buddha geboren. Wenn wir Frieden praktizieren und lächeln können, kann unser Frieden das gesamte Universum beeinflussen. Jeder von uns geht schwanger mit einem Buddha. Jeder besitzt Buddha-Natur. Jeder ist ein werdender Buddha. Wir müssen uns gut um unseren Baby-Buddha kümmern.

Nachdem Siddhartha, der spätere Buddha, aufgewachsen war und einige Jahre Meditation geübt hatte, bei der er tief in seinen Körper, seine Gefühle, Wahrnehmungen, geistigen Bildekräfte und sein Bewußtsein hineinblickte, wurde ihm eines Tages klar, daß er kurz davor stand, einen Durchbruch zu erzielen. Unter einem schönen Pippalabaum meditierend, verspürte er, daß er irgendwann während dieser Nacht die vollkommene Erleuchtung erlangen und zu einem Buddha werden würde. Plötzlich erschien Mara. Mara erscheint manchmal als Zweifel, manchmal als Ärger, als Finsternis, Neid, heftige Begierde oder Verzweiflung. Wenn wir zweifeln oder mißtrauisch sind, ist er zugegegen. Wenn wir ärgerlich, irritiert sind oder es uns an Selbstvertrauen mangelt, ist dies Mara. Siddhartha war schon viele Male zuvor von Mara heimgesucht worden, und er wußte, daß Sanftheit die beste Art war, mit ihm umzugehen.

An jenem Tag erschien Mara in Form von Zweifeln. Er sagte: »Was denkst du, wer du bist? Denkst du, du könntest die große Erleuchtung erlangen? Erkennst du nicht, wieviel Dunkelheit, Verzweiflung und Verwirrung es in der Welt gibt? Wie kannst du hoffen, dies alles zu zerstreuen?« Siddhartha lächelte und drückte damit seine große Zuversicht aus. Mara fuhr fort: »Ich weiß, du hast dich geübt, aber hast du auch ausreichend geübt? Wer wird bezeugen, daß du lang und hart genug praktiziert hast? Wer wird bezeugen, daß du Erleuchtung erlangen kannst?« Mara forderte, jemand müsse bestätigen, daß Siddhartha in Begriff war, ein Buddha, ein vollkommen Erwachter, zu werden. In diesem Moment berührte Siddhartha mit seiner rechten Hand den Boden in all seiner Achtsamkeit und sagte: »Die Erde wird es für mich bezeugen.« Und plötzlich bebte die Erde und erschien in Gestalt einer Göttin, die ihm Blumen, Blätter, Früchte und Duftstoffe darbrachte. Danach schaute die Erde Mara direkt an, und Mara verschwand einfach.

Selbst nachdem Buddha Erleuchtung erlangt hatte, fuhr Mara fort, ihn zu besuchen. Eines Tages, nachdem er eineinhalb Jahre gelehrt hatte, kehrte der Buddha in seine Heimatstadt Kapilavastu zurück, um seine Einsichten mit seiner Familie und seinem Volk zu teilen. Eines Tages, als er allein dasaß, war er in dem Gedanken versunken, daß es doch zum Regieren eines Landes einen gewaltlosen Weg geben müsse, der dem Volk echtes Glück bringen und jene Leiden vermeiden würde, die durch Gefängnisse, Folter, Hinrichtungen und Kriege entstehen. Plötzlich erschien Mara und sprach zu ihm: »Warum wirst du nicht Politiker? Du kannst deine Weisheit, dein Wissen und deine Talente als Politiker einbringen.« Der Buddha sah Mara direkt an und lächelte: »Mara, mein alter Freund, ich kenne dich gut«, und Mara verschwand einfach wieder. Der Buddha wollte kein Politiker sein. Er wollte nur Mönch sein, und er wußte, daß es Mara war, der ihn in Versuchung führen wollte, Politiker zu werden. Das einzige, was er tat, war, Mara zu erkennen und ihn anzulächeln. Wenn wir Mara als Mara erkennen, ist alles in Ordnung.

Von Zeit zu Zeit berühren auch wir die Erde, aber nicht gründlich genug. Als der Buddha die Erde mit seiner Hand berührte, tat er dies mit all seiner Achtsamkeit. Wenn wir in Plum Village von Mara besucht werden – wenn wir uns irritiert fühlen, wenn es uns an Selbstvertrauen mangelt, wenn wir ärgerlich oder unglücklich sind –, üben wir uns in Gehmeditation und berühren dabei innig die Erde mit unseren Füßen. Tun wir dies achtsam und freudvoll, verläßt uns Mara in weniger als einer Stunde.

Die Erde, unsere Mutter, hat uns viele Male das Leben geschenkt und uns jedesmal zurück in ihre Arme genommen. Sie weiß alles über uns, und dies ist der Grund, warum Buddha sie als Zeugin gerufen hat. Sie erschien in Gestalt einer Göttin, die dem Buddha Blumen, Blätter, Früchte und Duftstoffe darbot. Dann schaute sie Mara nur an, lächelte, und Mara verschwand. Mara ist von keiner großen Bedeutung in Gegenwart der Erde. Jedesmal, wenn sich Mara dir nähert, du dich aber an die Erde wendest und sie um Hilfe bittest, indem du sie innig berührst, wie es der Buddha getan hat, wird sie dir Blumen, Früchte, Schmetterlinge und viele andere Geschenke der Natur darbringen, und die Erde wird Mara in einer Weise anblicken, daß er verschwinden wird.

Wir haben so viele Gründe glücklich zu sein. Die Erde ist erfüllt von Liebe zu uns und von Geduld. Wann immer sie uns leiden sieht, wird sie uns beschützen. Mit der Erde als Zuflucht brauchen wir nichts zu fürchten, selbst das Sterben nicht. Schreiten wir achtsam über die Erde, werden wir von den Bäumen, den Büschen, den Blumen und dem Sonnenschein genährt. Die Erde zu berühren ist eine tiefgreifende Übung, die unseren Frieden und unsere Freude wiederherstellen kann. Wir sind Kinder der Erde. Wir verlassen uns auf die Erde, und die Erde verläßt sich auf uns. Ob die Erde schön, belebend und grün oder öde und ausgedörrt ist, hängt von unserer Gehweise ab. Bitte berühre die Erde mit Achtsamkeit, mit Freude und Konzentration. Die Erde wird dich heilen, und du wirst die Erde heilen.

Eine der besten Arten, die Erde zu berühren, ist das Üben der Gehmeditation. Wir schreiten langsam, massieren die Erde, setzen mit jedem Schritt die Samen für Freude und Glück und folgen zur selben Zeit unserem Atem. Wir versuchen nicht, irgendwohin zu gehen. Wir kommen mit jedem Schritt an. Wenn wir einatmen, zählen wir die Anzahl unserer Schritte. Machen wir drei Schritte, sagen wir leise: »Ein, ein, ein.« Und wenn wir ausatmen, tun wir das gleiche: »Aus, aus, aus.« Machen wir drei Schritte beim Einatmen und vier während wir ausatmen, sagen wir: »Aus, aus, aus, aus.« Wir hören darauf, was unsere Lungen benötigen, und gehen und atmen entsprechend. Schreiten wir bergauf, werden wir wahrscheinlich bei jedem Atemzug weniger Schritte machen. Beim Gehen bringen wir unsere Aufmerksamkeit in unsere Füße. Wir atmen, als ob wir von unseren Fußsohlen her atmen würden. Wir verweilen nicht in der Sphäre unserer Gedanken und Empfindungen.

Nachdem du »Ein, ein, ein« und »Aus, aus, aus« fünf- oder zehnmal geübt hast, möchtest du vielleicht während des Einatmens »Blume, Blume, Blume« und beim Ausatmen »Frisch, frisch, frisch« praktizieren. Du bekommst Blumesein und Frische von der Erde und aus der Luft. Während du gehst, kannst du die Hand eines Kindes halten. Das Kind wird deine Konzentration und Festigkeit erhalten, und du wirst seine Unschuld und Frische bekommen. In Plum Village schlug ich den jungen Menschen eine einfache *Gatha* für die Gehmeditation vor. Ich wollte, daß sie auf positive Weise auf das Leben, die Gesellschaft und die Erde reagieren, und so machte ich den Vorschlag, daß sie »Oui, oui, oui« beim Einatmen, und »Merci, merci, merci« beim Ausatmen sagen sollten. Die Kinder mochten dies sehr.

Nachdem du »Blume/frisch« geübt hast, kannst du zu »Berg/unerschütterlich« übergehen. Praktiziere jede Übung so oft du es möchtest, und freue dich dabei über das Gehen und das Nirgendwo-Ankommen, außer im gegenwärtigen Moment. Du kannst die Gehmeditation zwischen geschäftlichen Verabredungen üben oder wenn du vom Auto zum Markt gehst oder zu jeder anderen Gelegenheit. Gewähre dir genug Zeit zum Gehen. Anstelle von drei Minuten erlaube dir acht oder zehn. Ich gebe mir immer eine Extrastunde, wenn ich zum Flughafen muß, so daß ich dort Gehmeditation üben kann. Meine Freunde wollen, daß ich bis zur letzten Minute bei ihnen zu Besuch bleibe, aber ich lehne dies immer ab. Ich sage ihnen, daß ich diese Zeit benötige.

Um die Samen der Achtsamkeit in uns zu stärken, ist es hilfreich, wenn wir manchmal in einem Park oder an einem anderen schönen, ruhigen Ort üben. Wir schreiten langsam, aber nicht zu langsam, denn wir wollen andere nicht auf den Gedanken bringen, mit uns würde etwas nicht stimmen. Dies ist eine Form von unsichtbarer Übung. Wir können uns an der Natur und unserer heiteren Gelassenheit erfreuen, ohne andere sich dabei unbehaglich fühlen zu lassen. Sehen wir etwas, das wir mit unserer Achtsamkeit berühren wollen – den blauen Himmel, die Hügel, einen Baum oder einen Vogel –, halten wir einfach inne; aber während wir dies tun, fahren wir damit fort, aufmerksam ein- und auszuatmen. Wenn wir achtsames Atmen nicht beibehalten, würde sich früher oder später wieder unser Denken einstellen, und der Vogel und der Baum würden verschwinden. Deshalb bleiben wir fortwährend bei unserem Atem. In Plum Village üben wir Gehmeditation immer dann, wenn wir von einem Ort zum anderen gehen, selbst wenn es nur eine kurze Strecke ist. Wann immer ich jemanden aufmerksam dahinschreiten sehe, ist diese Person ein Signal der Achtsamkeit für mich. Wenn ich meine Achtsamkeit verloren habe und die Person sehe, kehre ich sofort wieder zu meiner Aufmerksamkeit zurück. Als Gemeinschaft können wir einander viel helfen.

Es gibt keinen Grund für uns, sich dafür abzukämpfen, irgendwo anzukommen. Wir wissen, daß unser letztendlicher Bestimmungsort der Friedhof ist. Warum beeilen wir uns, dorthin zu gelangen? Warum nicht in die Richtung des Lebens schreiten, das im gegenwärtigen Moment liegt? Wenn wir Gehmeditation auch nur für wenige Tage üben, werden wir doch eine tiefe Wandlung durchlaufen, und wir werden lernen, wie wir in jedem Augenblick unseres Lebens Frieden erfahren können. Wir werden lächeln, und zahllose Bodhisattvas im ganzen Universum lächeln zu uns zurück, weil unser Frieden so tief ist. Alles, was wir denken, was wir fühlen und tun, wirkt sich auf unsere Vorfahren und alle zukünftigen Generationen aus und findet überall im Universum seinen Widerhall. Deshalb hilft unser Lächeln allen. Dies ist die Lehre des *Avatamsaka Sutra*. Um uns gut um unser kleines Kind zu kümmern, müssen wir nur zu kämpfen aufhören. Jeder Schritt ist Frieden. Wir sind bereits angekommen.

5

DAS GLÜCK
EINES MENSCHEN

Die Übung der Achtsamkeit ist nichts anderes als die Übung von liebevoller Zuneigung. Um jene zur Achtsamkeit zu ermutigen, die im Begriff sind, mit einem anderen Menschen zusammenzuleben, habe ich meine Schüler gebeten, mir dabei zu helfen, ein »Institut für das Glück eines Menschen« ins Leben zu rufen. Es wird ein einjähriges Programm und nur einen einzigen Kursus mit dem Motto »tiefer schauen« geben. Ein Jahr lang wird jeder Schüler sich darin üben, tief in sich hineinzuschauen, um all die Blumen und all den Kompost in sich zu entdecken, die nicht nur von ihm stammen, sondern auch von seinen Vorfahren und von der Gesellschaft. Bei Abschluß des Kurses erhält jeder Student ein Diplom, das ihm bescheinigt, daß er oder sie zur Heirat befähigt ist. Ich denke, daß es für alle jungen Paare von Bedeutung ist, eine solche Schulung zu durchlaufen, bevor sie sich auf die Reise des gegenseitigen Entdeckens begeben, die sie in der Ehe machen werden. Wenn Sie sich selbst nicht gut kennengelernt haben und sich nicht die Zeit zum

Auflösen der inneren Knoten nehmen konnten, wird das erste Jahr ihrer Ehe schwierig werden.

Wenn wir eine Beziehung eingehen, finden wir das aufregend, sind enthusiastisch und bereit zum Erforschen. Aber wir verstehen uns selbst und den anderen noch nicht sehr gut. Leben wir jeden Tag vierundzwanzig Stunden zusammen, werden wir viele Dinge sehen, hören und erfahren, die wir bisher nicht gesehen haben oder uns vorstellen konnten. Als wir uns verliebten, entwarfen wir ein schönes Bild, das wir auf unseren Partner projizierten, und sind dann etwas schockiert, wenn unsere Illusionen sich auflösen und wir die Realität entdecken. Solange wir nicht wissen, wie wir zusammen Achtsamkeit üben können – indem wir tief in uns selbst und unseren Partner hineinschauen –, werden wir es schwierig finden, unsere Liebe am Leben zu halten.

In der buddhistischen Psychologie bezieht sich das Wort *Samyojana* auf die inneren Bildekräfte, Fesseln oder Knoten. Wenn beispielsweise jemand etwas Unfreundliches zu uns sagt und wir verstehen seine Beweggründe nicht und werden ärgerlich, wird in uns ein Knoten geknüpft. Das mangelnde Verständnis ist die Grundlage für alle inneren Knoten. Üben wir Achtsamkeit, können wir die Fähigkeit erlernen, einen Knoten im gleichen Moment zu erkennen, in dem er in uns geknüpft wird, und Mittel und Wege finden, ihn wieder zu lösen. Sobald sich innere Bildekräfte formen und noch locker geknotet sind, ist unsere ganze Aufmerksamkeit gefordert, denn jetzt fällt die Arbeit des Lösens noch leicht. Lösen wir unsere Knoten nicht gleich bei ihrem Entstehen, werden sie immer enger und fester. Unserem Geist fällt es schwer zu akzeptieren, daß er negative Emotionen wie Ärger, Furcht und Reue in sich birgt, und so findet er Mittel und Wege, diese im hintersten Winkel unseres Bewußtseins zu vergraben. Wir entwickeln ausgefeilte Abwehrmechanismen, nur um die Existenz dieser problematischen Gefühle zu leugnen, aber sie werden immer wieder versuchen, an die Oberfläche zu kommen.

Der erste Schritt, sich mit unbewußten inneren Kräften auseinanderzusetzen, ist der Versuch, sie sich bewußtzumachen. Um Zugang zu ihnen zu bekommen, meditieren wir und üben achtsames Atmen. Sie werden sich vielleicht als Bilder, Gefühle, Gedanken, Worte oder Handlungen offenbaren. Wir mögen ein Gefühl der Ängstlichkeit bemerken und fragen: »Warum fühlte ich mich so unangenehm berührt, als sie das sagte?« Oder: »Warum tue ich das immer wieder?« Oder: »Warum habe ich diese Person in dem Film so gehaßt?« Uns selbst so eingehend zu beobachten kann innere Strukturen aufdecken. Und wenn wir das Licht unserer Aufmerksamkeit auf sie scheinen lassen, werden sie beginnen, ihr Gesicht zu zeigen. Wir mögen einigen Widerstand verspüren, kontinuierlich auf unsere Gefühle zu schauen, aber wenn wir die Fähigkeit entwickelt haben, ruhig dasitzen und sie beobachten zu können, wird der Ursprung des Knotens sich langsam selbst offenbaren und uns eine Idee eingeben, wie wir ihn auflösen können. Wenn wir uns in solcher Weise üben, werden wir unsere inneren Bildekräfte kennenlernen und Frieden mit uns selbst schließen.

Leben wir mit jemandem zusammen, ist es wichtig, in dieser Weise zu praktizieren. Um das beiderseitige Glück zu schützen, müssen wir es lernen, die inneren Kräfte, die wir zusammen hervorbringen, umzuwandeln, sobald sie entstehen. Eine Frau erzählte mir, daß sie drei Tage nach ihrer Hochzeit mehrere starke innere Prägungen von ihrem Ehemann vermittelt bekam und diese dann dreißig Jahre beibehalten hat. Sie befürchtete, daß es eine Auseinandersetzung geben würde, wenn sie es ihm erzählte. Wie können wir ohne wirkliche Verständigung glücklich sein? Wenn wir in unserem täglichen Leben nicht achtsam sind, säen wir ausgerechnet in dem Menschen, den wir lieben, die Samen für Leiden.

Sind beide Partner jedoch noch unbeschwert und nicht mit zu vielen Knoten angefüllt, ist die Übung nicht schwierig. Gemeinsam schaut man das Mißverständnis an, das der Knoten verursachte, und löst diesen dann. Wenn wir zum Beispiel hören, wie unser Ehemann irgendeine seiner Taten vor seinen Freunden übertreibt, fühlen wir vielleicht, wie der Knoten einer gewissen Respektlosigkeit ihm gegenüber in uns geknüpft wird. Sprechen wir jedoch gleich mit ihm darüber, können wir beide zu einem klaren Einverständnis gelangen, und der Knoten wird leicht aufgelöst werden.

Dieses können wir tun, wenn wir die Kunst des achtsamen Zusammenlebens üben. Wir erkennen, daß die andere Person genau wie wir sowohl Blumen als auch Kompost in sich hat, und wir akzeptieren dies. Unsere Übung besteht darin, das Blumesein des anderen zu wässern und nicht, mehr Abfall hinzuzufügen. Wir vermeiden es, zu streiten und uns gegenseitig die Schuld zuzuschieben. Wenn wir versuchen, Blumen zu ziehen, und sie nicht richtig gedeihen, werden wir nicht mit ihnen streiten oder ihnen die Schuld dafür geben. Wir selbst werden die Schuld auf uns nehmen, daß wir uns nicht richtig um sie gekümmert haben. Unsere Lebensgefährtin ist eine Blume. Wenn wir uns gut um sie kümmern, wird sie wunderschön wachsen. Wenn wir uns schlecht um sie kümmern, wird sie verwelken. Um einer Blume zu gutem Gedeihen zu verhelfen, müssen wir ihre Natur verstehen. Wieviel Wasser benötigt sie? Wieviel Sonne? Wir schauen tief in uns selbst hinein, um unsere wahre Natur zu erblicken, und wir schauen tief in den anderen, um seine Natur zu erblicken.

»Soheit« ist ein Fachbegriff, der »wahre Natur« bedeutet. Alles hat seine Soheit; sie ist das, als was wir die Phänomene erkennen. Eine Orange besitzt ihre Soheit, aus diesem Grund verwechseln wir sie nicht mit einer Zitrone. In meiner Gemeinschaft kochen wir mit Propangas, und wir kennen seine Soheit. Wir wissen, daß es sehr gefährlich sein kann. Wenn es in den Raum ausströmt, während wir schlafen, und jemand ein Streichholz entzündet, kann es uns töten. Allerdings wissen wir auch, daß Propangas uns dabei helfen kann, ein wundervolles Gericht zu kochen, und dies ist der Grund, warum wir es ins Haus holen, um mit uns friedlich zusammenzuleben.

Ich möchte eine Geschichte über Soheit erzählen. Es gab einmal in der Nervenheilanstalt von Bien Hoa einen Patienten, der ganz normal zu sein schien. Er aß und redete wie jeder andere auch. Allerdings glaubte er, er sei ein Getreidekorn, und immer wenn er ein Huhn sah, rannte er um sein Leben. Er kannte seine Soheit nicht. Als die Krankenschwester dies dem Arzt berichtete, sagte dieser zu dem Patienten: »Sie sind kein Getreidekorn, Sie sind ein Mensch. Sie besitzen Haare, Augen, eine Nase und Arme.« In solcher Weise hielt er ihm eine Art Predigt und fragte schließlich: »Können Sie mir nun sagen, was Sie sind?« Der Mann antwortete: »Herr Doktor, ich bin ein Mensch. Ich bin kein Getreidekorn.« Der Arzt war glücklich. Er dachte, er hätte diesem Patienten sehr geholfen. Um jedoch sicherzugehen, ließ er den Mann den Satz »Ich bin ein Mensch, ich bin kein Getreidekorn« jeden Tag vierhundertmal wiederholen und zusätzlich dreihundertmal auf ein Blatt Papier schreiben. Der Mann entwickelte dabei großen Eifer und ging überhaupt nicht mehr aus dem Haus. Er blieb den ganzen Tag in seinem Zimmer und wiederholte und schrieb genau das, was der Arzt ihm verordnet hatte. Einen Monat später kam der Arzt, um nach ihm zu sehen, und die Krankenschwester berichtete: »Er macht sich sehr gut. Er bleibt im Haus und führt fleißig die Übungen durch, die Sie ihm verordnet haben.« Der Arzt fragte ihn: »Nun, wie geht es Ihnen?« – »Sehr gut, vielen Dank, Herr Doktor.« – »Können Sie mir sagen, wer Sie sind?« – »O ja, Herr Doktor, ich bin ein Mensch. Ich bin kein Getreidekorn.«

Der Arzt war hoch erfreut. Er sagte: »Wir werden Sie in einigen Tagen entlassen. Bitte kommen Sie mit mir ins Büro.« Als der Arzt, die Krankenschwester und der Patient zusammen zum Büro gingen, kam ein Huhn vorbei, und der Mann lief so schnell davon, daß der Arzt ihn nicht einholen konnte. Es dauerte mehr als eine Stunde, bis die Krankenschwester ihn ins Büro zurückbrachte.

Der Arzt war aufgebracht: »Sie sagten, Sie seien ein Mensch und kein Getreidekorn. Warum sind Sie dann davongelaufen, als Sie das Huhn sahen?« Der Mann entgegnete: »Natürlich weiß ich, daß ich ein Mensch und kein Getreidekorn bin. Aber wie kann ich sicher sein, daß das Huhn das weiß?«

Obwohl dieser Mann sehr hart geübt hatte, konnte er seine wahre Natur, seine Soheit, nicht erkennen, und er verstand auch die Soheit des Huhnes nicht. Jeder von uns besitzt seine eigene Soheit. Wenn wir mit jemandem in Frieden und Glück zusammenleben wollen, müssen wir seine oder ihre und auch unsere eigene Soheit verstehen. Wenn wir sie erst einmal erkannt haben, werden wir keine Probleme haben, friedlich und glücklich zusammenzuleben.

Zu meditieren bedeutet, tief in die Natur der Dinge, einschließlich unserer eigenen Natur und der Natur der Person vor uns, hineinzuschauen. Erkennen wir die wahre Natur jener Person, entdecken wir ihre Probleme, Wünsche, Leiden und Ängste. Wir können uns setzen, die Hand unseres Partners halten, ihn aufmerksam anschauen und sagen: »Liebling, verstehe ich dich gut genug? Begieße ich deine Samen der Leiden? Bewässere ich deine Samen für Glück? Bitte sage mir, wie ich meine Liebe zu dir vertiefen kann.« Wenn wir dies von ganzem Herzen sagen, wird er vielleicht anfangen zu weinen, und dies wäre ein gutes Zeichen; denn es bedeutet, daß sich die Tür des Herzens vielleicht wieder öffnet.

Liebevolle Rede ist ein wesentlicher Aspekt der Übung. Jedesmal, wenn der andere etwas gut erledigt hat, sollten wir sie oder ihn beglückwünschen, um so unsere Anerkennung auszudrücken. Dies ist vor allem bei Kindern wichtig. Wir müssen die Selbstachtung unserer Kinder stärken. Alles Gute, was sie sagen und tun, müssen wir wertschätzen und loben, um unsere Kinder in ihrem Wachstum zu fördern. Wir betrachten die Dinge nicht als selbstverständlich. Wenn unsere Mitmenschen Talent oder die Fähigkeit entwickeln, zu lieben und Freude zu schenken, müssen wir uns dies bewußtmachen und unsere Anerkennung zum Ausdruck bringen. So bewässern wir die Samen des Glücks. Wir sollten es vermeiden, destruktive Dinge zu sagen wie: »Ich bezweifle, daß du dies tun kannst.« Statt dessen sagen wir: »Dies ist schwierig, Liebling, aber ich glaube, daß du es schaffen kannst.« Diese Art der Rede stärkt den anderen.

Wenn irgendein Problem auftritt und wir ruhig bleiben, können wir es in einer herzlichen und gewaltfreien Weise bis ins letzte durchsprechen. Sind wir jedoch nicht ruhig genug, sollten wir auf die Aussprache verzichten. Wir beschränken uns darauf, nur zu atmen. Wenn nötig, üben wir Gehmeditation in der frischen Luft und schauen dabei die Bäume, die Wolken und den Fluß an. Sobald wir ruhig sind und die Sprache der liebenden Güte sprechen, können wir miteinander reden. Wenn während unserer Unterhaltung wieder ein Gefühl von Ärger aufkommt, halten wir inne und atmen nur. Dies ist Achtsamkeit.

Jeder von uns muß sich wandeln und wachsen. Wenn wir heiraten, können wir das Versprechen ablegen, uns gemeinsam zu wandeln und zu wachsen, um so die Früchte unserer Übung miteinander zu teilen. Sind wir als Paar glücklich und leben verständnisvoll und harmonisch zusammen, ist es für uns ein leichtes, unser Glück und unsere Freude auf viele Menschen auszudehnen. Auch für jene, die schon zehn oder zwanzig Jahre verheiratet sind, ist diese Art der Übung von Bedeutung. Du kannst dich auch in unserem Institut einschreiben und die Übung, in Achtsamkeit zu leben und voneinander zu lernen, weiter entfalten. Du magst vielleicht denken, du wüßtest schon alles über deinen Ehepartner, aber dies ist nicht wahr. Physiker studieren ein Elektron über Jahre hinweg und behaupten dennoch nicht, sie verstünden es ganz. Wie kannst du da denken, du wüßtest alles über einen Menschen? Achtest du beim Autofahren nur auf deine eigenen Gedanken, so kannst du deine Partnerin nicht wahrnehmen. Wenn du sie weiter so behandelst, wird sie langsam sterben. Sie braucht deine Aufmerksamkeit, deine Pflege, deine Fürsorge.

Wenn die Dinge zu schwierig werden, neigen wir dazu, an Scheidung zu denken. Ich hoffe jedoch, daß du dich statt dessen bemühst, deine Ehe zu bewahren, und mit größerer Harmonie und gewachsenem Verständnis zu deiner Ehefrau zurückkehrst. Viele Menschen lassen sich drei- oder viermal scheiden und begehen doch immer wieder die gleichen Fehler. Wenn ihr euch die Zeit nehmen könnt, die Tür der Verständigung, die Tür eurer Herzen zu öffnen und eure Leiden und Träume miteinander zu teilen, tut ihr dies nicht nur für euch selbst, sondern für eure Kinder und für uns alle.

In Plum Village führen wir jede Woche eine Zeremonie durch, die »Neubeginn« genannt wird. Am »Institut für das Glück eines Menschen« werden wir dies ebenfalls üben. Während der Zeremonie sitzen alle Mitglieder der Gemeinschaft in einem Kreis, in dessen Mitte sich eine Vase mit frischen Blumen befindet. Während wir darauf warten, daß der Leiter beginnt, folgt ein jeder von uns seinem eigenen Atem. Die Zeremonie hat drei Phasen: das Blumengießen, das Bedauern zum Ausdruck bringen und das Mitteilen von Kränkungen und Schwierigkeiten.

Diese Übung hilft zu verhindern, daß sich Gefühle des Verletztseins wochenlang aufstauen, und sie hilft, das Leben für jeden in der Familie oder der Gemeinschaft sicher zu gestalten.

Wir beginnen mit dem Blumengießen. Wenn eine der anwesenden Personen bereit ist zu sprechen, legt sie die Handflächen zusammen, woraufhin die anderen das gleiche tun, um zu zeigen, daß es rechtens ist, wenn sie spricht. Dann steht die betreffende auf, geht langsam zu der Blume, nimmt die Vase in die Hände und kehrt zu ihrem Platz zurück. Wenn sie spricht, spiegeln ihre Worte die Frische und Schönheit der Blume in ihren Händen wider. Während des Wässerns der Blume würdigt jeder Sprecher die heilsamen, wundervollen Eigenschaften der anderen. Dies ist keine Schmeichelei, wir sagen immer die Wahrheit. Jeder besitzt Stärken, die mit Bewußtheit erkannt werden können. Keiner darf die Person unterbrechen, die die Blume hält. Sie darf so lange sprechen wie nötig, und alle anderen üben sich darin, mit tiefer Aufmerksamkeit zuzuhören. Ist sie fertig, steht sie auf und bringt die Vase langsam wieder in die Mitte des Raumes zurück.

Im zweiten Teil der Zeremonie bekunden wir unsere Reue über jede Handlung, mit der wir anderen weh getan haben. Es bedarf nur eines gedankenlosen Satzes, um jemanden zu verletzen. Die Zeremonie des Neubeginns gibt uns die Möglichkeit, uns wieder an etwas Bedauerliches, das wir kürzlich getan haben, zu erinnern und es zurückzunehmen. Im dritten Teil der Zeremonie bringen wir zum Ausdruck, wie andere uns verletzt haben. Hier ist liebevolle Redeweise entscheidend. Wir wollen die Gemeinschaft heilen und ihr keinen Schaden zufügen. Wir sprechen offen, aber es liegt nicht in unserem Interesse, destruktiv zu sein. Die Meditation des Zuhörens ist ein wichtiger Bestandteil der Übung. Wenn wir im Kreis von Freunden sitzen, die sich alle darin üben, mit äußerster Aufmerksamkeit zuzuhören, wird unsere Rede schöner und dienlicher. Wir beschuldigen oder streiten niemals.

Mitfühlendes Zuhören ist entscheidend. Wir hören mit der Bereitschaft zu, die Leiden der anderen Person zu mindern, nicht, um sie zu verurteilen oder Auseinandersetzungen mit ihr zu führen. Wir hören mit unserer ganzen Aufmerksamkeit zu. Selbst wenn wir etwas vernehmen, das unwahr ist, hören wir weiterhin intensiv zu, so daß sie ihren Schmerz ausdrücken und ihre inneren Spannungen lösen kann. Wenn wir ihr antworten oder sie korrigieren, wird die Übung keine Früchte tragen. Wir hören lediglich zu. Wenn wir der anderen Person mitteilen müssen, daß ihre Wahrnehmung nicht richtig war, können wir dies einige Tage später in Ruhe und unter vier Augen tun. Vielleicht wird sie dann bei der nächsten Sitzung des Neubeginns von sich aus ihren Fehler berichtigen, und wir brauchen überhaupt nichts zu sagen.

Wir beschließen die Zeremonie mit einem Lied oder indem wir uns alle im Kreis an den Händen fassen und eine Minute lang achtsam atmen. Manchmal enden wir mit einer Umarmungsmeditation. Danach fühlen wir uns immer leicht und befreit, selbst wenn wir nur einen vorbereitenden Schritt in Richtung Heilung getan haben. Nun sind wir zuversichtlich, daß wir, nachdem wir begonnen haben, auch weitermachen können. Die Übung des Neubeginns geht bis in die Zeit des Buddha zurück. Seine Mönchs- und Nonnengemeinschaften übten dies am Abend eines jeden Voll- und Neumonds.

Die Meditation des Umarmens hingegen habe ich selbst erfunden. Das Umarmen lernte ich zum erstenmal 1966 in Atlanta. Eine Dichterin brachte mich zum Flughafen und fragte mich dann: »Ist es gestattet, einen buddhistischen Mönch zu umarmen?« In meinem Heimatland ist es nicht üblich, sich in der Öffentlichkeit so zu verhalten, aber ich dachte: »Ich bin ein Zenlehrer. Das Umarmen sollte kein Problem für mich sein.« So sagte ich: »Warum nicht?« Und so umarmte sie mich, aber ich selbst verhielt mich dabei ziemlich steif. Im Flugzeug entschloß ich mich dann, daß ich, wenn ich mit Freunden im Westen arbeiten wollte, auch die westliche Kultur erlernen müsse. Das ist der Grund, warum ich die Meditation des Umarmens erfunden habe.

Diese Meditation ist eine Verbindung von Ost und West. Wenn du jemanden umarmst, mußt du dies entsprechend der Übung wirklich, das heißt mit voller Überzeugung, tun. Du mußt ihn oder sie in deinen Armen sehr real werden lassen. Du tust dies nicht nur, um den Schein zu wahren, du klopfst dem anderen nicht nur zwei- oder dreimal auf den Rücken, um vorzugeben, daß du da seist. Du bist tatsächlich anwesend, und so brauchst du nichts vorzutäuschen. Während der Umarmung atmest du bewußt, und du umarmst mit deinem ganzen Körper, mit deinem ganzen Geist und von ganzem Herzen. »Beim Einatmen weiß ich, daß mein Liebster in meinen Armen ist – lebendig. Ausatmend weiß ich, wie kostbar er mir ist.« Während du den anderen hältst und dreimal ein- und ausatmest, wird er in deinen Armen ganz wahrhaft, und ebenso wirst du es. Wenn du jemanden liebst, willst du, daß er glücklich ist. Ist er nicht glücklich, gibt es auch für dich keine Möglichkeit, glücklich zu sein. Glück ist keine individuelle Angelegenheit. Wahre Liebe erfordert tiefes Verständnis. Tatsächlich ist Liebe ein anderer Name für Verständnis. Wenn du nicht verstehst, kannst du auch nicht richtig lieben. Ohne Verständnis wird deine Liebe dem anderen nur Leiden bringen.

In Südostasien haben viele Menschen eine besondere Vorliebe für eine große Frucht mit vielen Dornen, die »Durian« genannt wird. Man kann sogar sagen, daß sie süchtig danach sind. Sie riecht außerordentlich stark, und einige Leute legen die Schale unter ihr Bett, wenn sie die Frucht aufgegessen haben, so daß sie sie weiter riechen können. Mir selbst ist der Geruch von Durianfrüchten zuwider.

Als ich eines Tages allein in meinem Tempel in Vietnam rezitierte, traf es sich, daß sich eine Durianfrucht, die dem Buddha dargebracht worden war, auf dem Altar befand. Ich versuchte, das *Lotos Sutra* zu rezitieren und verwendete eine hölzerne Trommel und eine große Glocke, die die Form einer Schüssel hatte, zur Begleitung, aber ich konnte mich überhaupt nicht konzentrieren. Ich entschloß mich schließlich, die Glocke über die Durianfrucht zu stülpen und sie einzuschließen, damit ich das Sutra rezitieren konnte. Ganz zum Schluß verneigte ich mich dann vor dem Buddha und befreite die Frucht. Wenn du zu mir sagen würdest: »Ich liebe dich so sehr, ich möchte, daß du ein bißchen von dieser Durianfrucht ißt«, würde ich leiden. Du liebst mich, du möchtest, daß ich glücklich bin, aber du zwingst mich, die Durianfrucht zu essen. Dies ist ein Beispiel für Liebe ohne Verständnis. Deine Absicht ist gut, aber du hast nicht das richtige Verständnis.

Um richtig zu lieben, mußt du verstehen. Verstehen heißt, die Tiefe der Dunkelheit, den Schmerz und die Leiden der anderen Person zu erkennen. Wenn du dies nicht siehst, wird sie um so mehr leiden, je mehr du für sie tust. Glück zu erschaffen ist eine Kunst. Wenn du während der Kindheit beobachtet hast, wie deine Mutter oder dein Vater deine Familie glücklich machte, konntest du davon lernen. Wenn deine Eltern dies aber nicht verstanden, weißt du vielleicht genausowenig, wie man das erreicht. Deshalb müssen wir in unserem Institut die Kunst lehren, wie man andere glücklich macht. Zusammenzuleben ist eine Kunst. Trotz gutem Willen kannst du deinen Partner ziemlich unglücklich machen. Kunst ist die Essenz des Lebens. Wir müssen in unserer Rede und in unseren Handlungen kunstvoll sein. Das Herz der Kunst ist Achtsamkeit.

Wenn du dich zum erstenmal verliebst, fühlst du dich an den anderen sehr gebunden; dies ist noch keine richtige Liebe. Wirkliche Liebe bedeutet liebende Güte und Mitgefühl – Liebe, die bedingungslos ist. Ihr bildet eine Zweiergemeinschaft, um Liebe zu üben: sich umeinander zu kümmern, dem Partner dabei zu helfen aufzublühen und Glück in dieser kleinen Gemeinschaft real werden zu lassen. Aufgrund eurer gegenseitigen Liebe und indem du die Kunst erlernst, einen Menschen glücklich zu machen, beginnst du, deine Liebe für die gesamte Menschheit und für alle Wesen auszudrücken. Bitte hilf uns dabei, den Lehrplan für das »Institut für das Glück eines Menschen« zu entwickeln. Warte nicht, bis wir die Schule eröffnen. Du kannst sofort mit der Übung beginnen.

6

FRIEDENSVERTRAG

Damit wir lange und glücklich zusammenleben mögen, damit wir unsere Liebe und unser Verständnis ständig weiterentwickeln und vertiefen, geloben wir, die Unterzeichner, folgendes zu beachten und zu üben:

Ich, der ich ärgerlich bin, willige ein:

1. *es zu unterlassen, irgend etwas zu sagen oder zu tun, das zu weiterem Schaden oder zum Anwachsen des Ärgers führen könnte;*

2. *den Ärger nicht zu unterdrücken;*

3. *atmen zu üben und Zuflucht zu mir selbst als einer Insel zu nehmen;*

4. *demjenigen, der mich ärgerlich stimmte, ruhig und innerhalb von vierundzwanzig Stunden von meinem Ärger und meinen Leiden entweder verbal oder durch das Zukommenlassen einer Friedensbotschaft zu berichten;*

5. eine Verabredung gegen Ende der Woche (zum Beispiel Freitag abend) zu erbitten, um diese Angelegenheit noch eingehender, entweder verbal oder
   mittels einer Friedensbotschaft, zu diskutieren;

6. nicht zu sagen: »Ich bin nicht ärgerlich. Es ist schon
   in Ordnung. Ich leide nicht. Es gibt keinen Grund,
   sich zu ärgern – zumindest keinen, der ausreichen
   würde, um mich ärgerlich werden zu lassen«;

7. atmen zu üben und tief in mein tägliches Leben
   hineinzuschauen – während ich sitze, liege, stehe
   und gehe –, um folgendes zu erkennen:
   – wie ungeschickt ich selbst von Zeit zu Zeit bin,
   – wie ich den anderen aufgrund meiner Gewohnhei-
     ten verletzt habe,
   – wie der starke Same des Ärgers in mir die Haupt-
     ursache für meinen Ärger bildet,
   – wie das Leiden des anderen, das den Samen mei-
     nes Ärgers wässert, die Nebenursache bildet,
   – wie der andere einzig nach Erleichterung von sei-
     nen oder ihren Leiden strebt,
   – daß ich selbst nicht wahrhaft glücklich sein kann,
     solange der andere leidet,

8. mich sofort, wenn ich meine Ungeschicktheit und
   meinen Mangel an Aufmerksamkeit bemerke, zu entschuldigen, ohne bis zum Freitag abend zu warten;

9. die Freitagverabredung zu verschieben, wenn ich mich nicht ruhig genug fühle, um dem anderen zu begegnen.

Ich, der den anderen erzürnt hat, willige ein:

1. die Gefühle des anderen zu respektieren, ihn oder sie nicht lächerlich zu machen und ihm oder ihr genug Zeit zu geben, um sich zu beruhigen;

2. nicht auf ein sofortiges Gespräch zu drängen;

3. die Bitte des anderen um ein Treffen entweder verbal oder mittels einer Nachricht zu bestätigen und ihm oder ihr zuzusichern, daß ich da sein werde;

4. atmen zu üben und Zuflucht zu mir selbst als einer Insel zu nehmen, um zu sehen, wie:
   - ich selbst die Samen für Unfreundlichkeit und Ärger besitze sowie die Gewohnheit, den anderen unglücklich zu machen,
   - ich fälschlicherweise dachte, daß es meine eigenen Leiden mildere, wenn ich dem anderen Leid zufüge,
   - ich mir selbst Leiden zufüge, wenn ich ihm oder ihr Leiden zufüge;

5. mich sofort zu entschuldigen, wenn ich meine Ungeschicktheit und meinen Mangel an Aufmerksamkeit bemerke, ohne irgendeinen Versuch zu unterneh-

men, mich selbst zu rechtfertigen, und ohne bis zum
Treffen am Freitag zu warten.

Vor Buddha als Zeugen und der achtsamen Gegenwart
des Sangha geloben wir, nicht von diesen Vorsätzen
abzuweichen und sie von ganzem Herzen zu üben. Wir
bitten die Drei Juwelen, uns Schutz, Klarheit und Zu-
versicht zu gewähren.

Unterzeichnet von . . . .
am . . . . Tag des Monats . . . .
im Jahre . . . . . . in . . . .

Wenn wir ärgerlich werden, sehen wir nicht wie eine
schöne Blume aus, sondern ähneln eher einer Bombe kurz
vor der Explosion. Hunderte von Muskeln in unserem
Gesicht spannen sich. Weil soviel Leid aufkommt, wenn
man sich ärgert oder aufgebracht ist, haben wir kürzlich
in Plum Village einen »Friedensvertrag« entworfen. Dieser kann von Paaren und Einzelpersonen in Gegenwart
des Sangha unterzeichnet werden, um die Wahrschein-
lichkeit zu erhöhen, daß wir uns in richtiger Weise mit
unserem Ärger auseinandersetzen werden. Der Vertrag
ist kein bloßes Stück Papier, sondern eine Übung, die uns
helfen kann, lange glücklich zusammenzuleben. Der
Vertrag hat zwei Teile: einen für den, der ärgerlich ist,
und einen für jenen, der den Ärger verursacht hat. Wenn
wir den Richtlinien des Friedensvertrags folgen, sobald

wir ärgerlich werden oder jemand sich über uns ärgert, wissen wir genau, was zu tun und was zu unterlassen ist.

Im ersten Artikel erklären wir uns bereit, wenn wir ärgerlich sind, davon Abstand zu nehmen, irgend etwas zu sagen oder zu tun, das weiteren Schaden verursachen oder zu einer Eskalation des Ärgers führen könnte. Sind wir uns unseres Ärgers bewußt, erlegen wir uns selbst eine Art Moratorium hinsichtlich unserer Rede und unserer Handlungen auf.

Im zweiten Artikel willigen wir ein, unseren Ärger nicht zu unterdrücken. Zu angemessener Zeit, aber nicht sogleich, werden wir etwas zur Sprache bringen. Wir warten mindestens drei bewußte Atemzüge ab. Tun wir das nicht, kann es nicht ungefährlich sein, unsere Gefühle hinsichtlich des Ärgers auszudrücken.

Im dritten Artikel erklären wir uns damit einverstanden, die Atemübung auf unseren Ärger anzuwenden und Zuflucht zu uns selbst als Insel zu nehmen. Wir wissen, daß Ärger da ist. Weder unterdrücken noch leugnen wir ihn. Wir kümmern uns um ihn, indem wir die Achtsamkeit des Atmens aufbringen und ihn in die liebevollen Arme der Achtsamkeit schließen. Wir sitzen in Ruhe, oder wir gehen umher, vielleicht in der freien Natur. Wenn wir eine halbe Stunde benötigen, dann nehmen wir uns eine halbe Stunde Zeit. Brauchen wir drei Stunden, üben wir das Atmen drei Stunden lang.

Der Buddha sagte seinen Schülern: »Meine Freunde, stützt euch nicht auf irgend etwas außerhalb von euch selbst. Seid euch selbst eine Insel, und nehmt Zuflucht zu euch selbst als einer Insel.« In schwierigen Momenten, wenn wir nicht wissen, was zu tun ist, ist dies eine wunderbare Übung. Befände ich mich in einem abstürzenden Flugzeug, würde ich genau dies üben. Wenn wir gut üben, wird unsere Insel Bäume haben, Vögel, einen schönen Fluß und Erde, die sehr fest ist. Die Essenz eines Buddha ist Achtsamkeit. Achtsam zu atmen ist der lebendige Dharma, besser als jedes Buch. Der Sangha ist in fünf Elementen gegenwärtig, die unser »Selbst« ausmachen: Form, Gefühl, Wahrnehmung, geistige Bildekräfte und Bewußtsein. Wenn diese Elemente sich in Harmonie befinden, erleben wir Frieden und Freude. Üben wir achtsames Atmen und entwickeln Achtsamkeit in uns selbst, so ist der Buddha anwesend. Wenn wir zu uns selbst zurückkehren und den Buddha in uns entdecken, werden wir behütet und sicher sein.

Entsprechend dem vierten Artikel des Vertrages haben wir bis zu vierundzwanzig Stunden Zeit, um uns zu beruhigen. Danach müssen wir der anderen Person sagen, daß wir ärgerlich sind. Wir haben nicht das Recht, unseren Ärger noch länger beizubehalten, sonst wird er zu Gift und könnte uns und den anderen, den wir lieben, zugrunde richten. Haben wir uns an die Übung gewöhnt, sind wir vielleicht nach fünf oder zehn Minuten bereit, mit dem anderen zu sprechen; aber das Maximum sind vierundzwanzig Stunden. Wir können sagen: »Mein lieber Freund, was du heute morgen gesagt hast, hat mich sehr geärgert. Ich habe sehr gelitten, und ich möchte, daß du dies weißt.«

Entsprechend dem fünften Artikel schließen wir mit folgendem Satz: »Ich hoffe, daß wir beide bis Freitagabend die Möglichkeit haben werden, diese Sache tief zu überdenken.« Dann verabreden wir uns, um all die großen und kleinen Bomben zu entschärfen, so daß wir dann das Wochenende genießen können. Wenn wir das Gefühl haben, daß es noch nicht sicher genug für uns ist, mit dem anderen zu reden, oder wenn wir uns noch nicht fähig fühlen, dies in ruhiger Weise zu tun, jedoch die Frist von vierundzwanzig Stunden langsam abläuft, können wir folgende »Friedensbotschaft« benutzen:

Datum: . . . .

Zeit: . . . .

Mein lieber/meine liebe . . . .

Heute morgen (nachmittag) hast du etwas gesagt (getan), das mich sehr geärgert hat. Ich litt sehr darunter. Ich möchte, daß du dies weißt. Du hast folgendes gesagt (getan): . . . .
Bitte laß uns beide anschauen, was du gesagt (getan) hast, und laß uns die Angelegenheit am Freitagabend in ruhiger und offener Art gemeinsam untersuchen.

Dein(e) . . . . ,
der (die) zur Zeit nicht sehr glücklich ist.

Wenn wir diese Nachricht übermitteln, müssen wir sicherstellen, daß der andere sie vor Ablauf der gesetzten Frist erhält. Wir können nicht einfach sagen: »Ich habe sie dir auf den Tisch gelegt, und du hast sie nicht angeschaut, also bist du schuld.« Die Benachrichtigung geschieht zu unseren eigenen Gunsten, denn in dem Moment, in dem wir wissen, daß der andere unsere Nachricht erhalten hat, fühlen wir uns schon ein wenig erleichtert. Am besten spricht man den anderen direkt mit ruhiger Stimme an; wenn wir uns aber dazu nicht imstande fühlen, können wir eine Friedensbotschaft niederschreiben und ihm übergeben. Wir sollten jedoch sicherstellen, daß er sie vor Ablauf des Termins erhält.

Der sechste Artikel sagt uns, daß wir nicht vorgeben sollten, wir seien nicht ärgerlich. Wir sind vielleicht zu stolz und wollen nicht eingestehen, daß wir verletzt sind. Aber wir sollten nicht sagen: »Ich bin nicht ärgerlich. Es gibt gar keinen Grund, sich aufzuregen.« Wir dürfen die Wahrheit nicht verbergen. Wenn wir ärgerlich sind, ist dies eine Tatsache. Das ist ein wichtiger Bestandteil des Friedensvertrags. Stolz sollte kein Hindernis sein, das unsere Beziehung zerstört. Wir sind einander anvertraut, wir unterstützen uns gegenseitig, wir sind einander wie Bruder oder Schwester. Warum sollten wir so stolz sein? Mein Schmerz muß der Schmerz des anderen sein. Mein Leiden muß das Leiden des anderen sein.

Gemäß dem siebten Artikel sollten wir – während wir sitzen, gehen, atmen, tief hineinschauen und unser tägliches Leben achtsam zu führen versuchen – unsere Aufmerksamkeit auf folgende Punkte richten. (1) Erkennen, inwieweit wir in der Vergangenheit unachtsam oder ungeschickt waren. (2) Erkennen, wie wir in der Vergangenheit den anderen verletzt haben, und uns selbst gegenüber eingestehen: »Ich habe die Gewohnheit, sehr leicht ärgerlich und gekränkt zu sein.« (3) Erkennen, daß die Hauptursache für unseren Ärger der kraftvolle Same für Ärger in unserem Speicherbewußtsein ist, der die Angewohnheit besitzt, sich zu manifestieren. Die andere Person ist nicht die hauptsächliche Ursache für unser Leiden. Wir haben Freunde, die sich nicht so leicht ärgern. Der Samen des Ärgers schlummert auch in ihnen, aber offensichtlich ist er nicht so stark wie der unsrige. (4) Einsehen, daß auch der andere leidet, und er sich deshalb ungeschickt verhalten und den Samen des Ärgers in uns gewässert hat. Wir geben zu, daß der andere nicht die Hauptursache für unser Leiden ist. Er mag die Nebenursache gewesen sein, oder vielleicht haben wir ihn sogar nur fälschlicherweise für die Nebenursache gehalten, und er wollte uns gar nicht verletzen. (5) Manche Leute glauben naiverweise, daß es ihnen, wenn sie ärgerlich werden, Erleichterung verschafft, der anderen Person harte Worte an den Kopf zu werfen. Das ist nicht weise, aber dennoch verhalten sich viele Menschen so. Wir müssen erkennen, daß der andere vielleicht auch nur nach Linderung seiner eigenen Leiden strebt. (6) Erkennen, daß wir nicht wirklich glücklich sein können, solange der andere leidet. Wenn jemand in der Gemeinschaft unglücklich ist, wird auch die ganze Gemeinschaft unglücklich sein. Damit wir dem Leiden Einhalt gebieten können, müssen wir dem anderen dabei helfen, sein Leid zu beenden. Wir alle müssen geschickte Mittel und Wege finden, um dem anderen Menschen behilflich zu sein. Nur wenn er seine Leiden überwindet, kann in der Gemeinschaft echtes Glück herrschen.

Der achte Artikel sagt uns, daß wir uns sofort entschuldigen sollten, wenn wir während des tiefen Hineinschauens unsere Ungeschicktheit und unseren Mangel an Achtsamkeit erkennen. Der andere sollte sich nicht länger schuldig fühlen müssen. Es ist nicht notwendig, bis Freitagabend zu warten. Wenn wir herausfinden, daß wir aufgrund von Mißverständnissen oder kraft der Gewohnheit, vorschnell zu reagieren, ärgerlich geworden sind, müssen wir zu der anderen Person hingehen und sagen: »Entschuldige, ich war unachtsam. Ich habe mich zu schnell und ohne jeden Grund geärgert. Bitte vergib mir.« Der andere wird erleichtert sein. Das ist das Beste, um dem Kreislauf von Leiden so bald wie möglich Einhalt zu gebieten.

Der neunte Artikel besagt, daß wir die Verabredung einige weitere Tage oder eine Woche hinausschieben sollten, wenn wir uns am Freitag nicht ruhig genug fühlen, um die Angelegenheit zu besprechen. Sind wir nicht ruhig, ist es noch zu früh, um darüber zu reden. Wir benötigen noch einige Tage der Übung.

Der zweite Teil des Friedensvertrags enthält fünf Artikel, die jenen betreffen, der den anderen erzürnt hat. Laut erstem Artikel sollten wir die Gefühle der anderen Person respektieren, wenn wir sehen, daß sie verärgert ist. Wir sollten nicht sagen: »Ich habe gar nichts getan, und doch bist du aufgebracht.« Ein Gefühl hat eine Lebensspanne – einen Moment, um geboren zu werden, eine Zeit des Andauerns, und dann wird es langsam vergehen. Selbst wenn wir erkennen, daß ihr Ärger völlig unbegründet ist, daß sie sich vollkommen irrt, bedrängen wir die Person nicht, sofort von ihrem Ärger abzulassen. Wir helfen ihr oder lassen sie allein, so daß ihr Ärger auf natürliche Weise abklingen kann.

Entsprechend dem zweiten Artikel sollten wir, nachdem die Person uns erzählt hat, daß sie leidet, nicht auf ein sofortiges Gespräch drängen, da sonst alles zerstört werden könnte. Wir halten uns an den Vertrag und akzeptieren die Freitagabendverabredung. In der Zwischenzeit haben wir die Möglichkeit, die Situation eingehend zu betrachten. »Was habe ich gesagt? Was habe ich getan, daß sie sich ärgerte?« Während du sitzt, gehst und atmest, übe eingehendes Betrachten. Dies ist wahre Meditation.

Laut drittem Artikel sollten wir, nachdem wir eine Friedensbotschaft erhalten haben, ohne Umschweife antworten, daß wir am Freitagabend da sein werden. Dies ist wichtig, denn wenn der andere weiß, daß wir die Nachricht erhalten haben, wird er etwas erleichtert sein.

Der vierte Artikel hält uns dazu an, atmen zu üben, Zuflucht zu uns selbst als einer Insel zu nehmen, um drei Dinge zu erkennen: (1) Wir besitzen die Samen – die Gewohnheit – für Unfreundlichkeit und Ärger. Wir haben die andere Person schon früher unglücklich gemacht. Wir geben dies zu, auch wenn wir zur Zeit nicht erkennen, daß wir ihre Leiden mitverursacht haben. Wir sollten uns nicht allzu sicher fühlen, diesmal keine Verantwortung zu tragen. (2) Vielleicht haben wir gelitten und dachten, es würde uns erleichtern, wenn wir dem anderen gegenüber einige harte Worte äußern würden. Dies ist jedoch eine falsche Art der Erleichterung, und wir müssen erkennen, daß es unklug ist, danach zu streben. Wir sollten nicht hoffen, unser Leid zu verringern, indem wir einem anderen Leiden zufügen. (3) Wir schauen tief und erkennen, daß das Leid des anderen unser Leid ist. Wenn wir etwas tun, um dem anderen zu helfen, seine Leiden zu beenden, werden wir selbst auch einen Nutzen daraus ziehen.

Der fünfte Artikel besagt, daß wir nicht zögern sollten, uns, wenn möglich, umgehend zu entschuldigen. Wir können den Telefonhörer abnehmen und sofort anrufen, ohne uns zu rechtfertigen oder erklären zu wollen, was wir gesagt oder getan haben. Eine freimütige Entschuldigung kann eine starke Wirkung erzielen. Wir sagen nur: »Es tut mir sehr leid. Ich war nicht aufmerksam oder verständnisvoll.« Vielleicht ist es unnötig, bis Freitag zu warten.

Der Friedensvertrag ist eine Achtsamkeitsübung. Bitte studiere ihn eingehend, und bereite dich sorgfältig auf den Tag der Unterzeichnung vor. Am besten unterschreibt man ihn in einer Meditationshalle, mit dem Sangha als Zeugen und als Unterstützung. Am Ende eines Tages der Achtsamkeit gelobst du in Gegenwart der Gemeinschaft, dich an die Artikel des Vertrags zu halten und dich dementsprechend aus ganzem Herzen zu üben. Dann unterzeichnest du. Solange du dich der Übung noch nicht hingeben kannst, ist es besser, nicht zu unterschreiben. Unterzeichnest du den Friedensvertrag und praktizierst entsprechend, werden du und dein Partner einen Nutzen daraus ziehen, und auch wir alle werden von deiner Fähigkeit profitieren, mit Ärger umzugehen.

Ich hoffe, du wirst die Übung des Friedensvertrags unterstützen, indem du Artikel darüber schreibst und Veranstaltungen sowie Diskussionen über das Wesen des Vertrags leitest und darüber, wie man ihn in der Praxis richtig anwendet. So können selbst diejenigen, die keine Erfahrung in der Meditation besitzen, davon lernen und einen Nutzen daraus ziehen. Ich glaube, ein derartiger Friedensvertrag wird ein wichtiger Bestandteil unserer zukünftigen Lebenspraxis werden. Vielleicht möchtest du weitere Artikel hinzufügen, damit deine Situation besser erfaßt wird. Sei ausgeglichen und glücklich!

7

LIEBE IN AKTION

Im *Maharatnakuta Sutra* wird gesagt, daß überall im Universum zahllose Hindernisse entstehen, wenn ein Bodhisattva auf einen anderen Bodhisattva ärgerlich wird. Kann ein Bodhisattva denn ärgerlich werden? Natürlich. Ein Bodhisattva muß nicht vollkommen sein. Jeder, der sich der Dinge bewußt ist und versucht, andere aufzuwecken, ist ein Bodhisattva. Wir sind alle Bodhisattvas und tun unser Bestes. Weil wir uns aber vielleicht von Zeit zu Zeit verärgert und frustriert fühlen, müssen wir entsprechend dem Friedensvertrag üben. Wird ein Bodhisattva auf einen anderen Bodhisattva ärgerlich, entstehen überall im Universum zahllose Hindernisse. Dies leuchtet ein. Sind wir von Frieden und Freude erfüllt, wissen wir, daß unser Friede und unsere Freude den Kosmos durchdringen. Und gleichfalls werden sich auch Gefühle von Haß und Ärger, die wir in uns tragen, überallhin ausbreiten.

Als Präsident Bush den Befehl zum Angriff auf den Irak gab, haben viele von uns darunter gelitten. Ich war in

Plum Village und hielt einen Vortrag über das *Avatamsaka Sutra*. Mitten im Satz sagte ich plötzlich: »Ich denke, ich werde dieses Frühjahr nicht nach Amerika reisen.« Wir alle legten eine lange Pause ein, um zu atmen, und dann nahm ich die Vorlesung wieder auf. Am selben Nachmittag sagten mir einige Studenten aus Nordamerika, daß ich, gerade weil ich so fühlte, reisen sollte. Sie erinnerten mich daran, daß Freunde in den USA hart gearbeitet hatten, um dort Retreats zu organisieren, und sie verhalfen mir zu der Einsicht, daß viele Amerikaner ebenso darunter litten, daß der Präsident den Befehl zum Angriff gab. So entschloß ich mich zu reisen, um sie zu unterstützen und ihre Leiden zu teilen.

Ich verstand, daß Präsident Bush ein Bodhisattva ist, der auf seine Weise versucht, seinem Volk zu dienen. In der Anfangsphase des Konflikts verhängte er ein Embargo. Weil wir ihn aber nicht ausreichend unterstützt hatten, wurde er ungeduldig, und plötzlich war Krieg unvermeidbar. Als er die Bodenoffensive befahl und sagte: »Gott segne die Vereinigten Staaten von Amerika«, wußte ich, daß dieser Bodhisattva unsere Hilfe benötigte. Jeder Führer braucht unsere Unterstützung und unser Verständnis. Wir müssen eine intelligente und liebevolle Sprache benutzen, damit er auf uns hört. Wenn wir ärgerlich werden, sind wir nicht dazu imstande. Ich hörte meinen amerikanischen Freunden in Plum Village ruhig und gelassen zu, und ich nahm ihren Ratschlag an, in die Vereinigten Staaten zu reisen.

Wenn wir uns ärgern, entstehen zahllose Hindernisse, die unseren Weg versperren. So müssen wir einen Weg finden, dem Präsidenten ohne Ärger zu sagen, daß Gott kein Volk gegen ein anderes segnen kann. Der Präsident muß lernen, bessere Gebete zu sprechen. Aber wir sollten nicht denken, daß sich die Situation durch die Wahl eines anderen Präsidenten ändert. Wenn wir eine bessere Regierung wünschen, müssen wir zuerst unser eigenes Bewußtsein und unsere eigene Lebensweise ändern. Unsere Gesellschaft wird von Gier und Gewalt beherrscht. Wir helfen unserem Land und unserem Präsidenten, wenn wir die Gier und die Gewalt in uns selbst umformen und für eine Veränderung der Gesellschaft arbeiten.

Seht euch doch die halbe Million Männer und Frauen aus Amerika und dem Westen und die eine Million irakischer Soldaten an, die monatelang auf den Beginn der Bodenoffensive gewartet haben. Um vorbereitet zu sein, mußten sie Tag und Nacht das Töten üben. Während des Tages trugen sie Helme, griffen zu Gewehren und Bajonetten, schrien und sprangen umher, als seien sie keine menschlichen Wesen, und stießen ihre Bajonette in Sandsäcke, die feindliche Soldaten verkörperten. Hätten sie nicht ihre Menschlichkeit verleugnet, hätten sie es nicht gekonnt! Sie mußten unmenschlich werden, um das Töten zu lernen. Dies taten sie am Tag, und während der Nacht taten sie dasselbe in ihren Träumen und legten so in ihrem Bewußtsein die Samen für Leiden, Furcht und Gewalt. Das ist Übung für den Krieg – eineinhalb Millionen Männer und Frauen praktizierten viele Monate lang Furcht und Gewalt. Sie wußten, daß sie dies tun mußten, um zu überleben.

Dann kam der Krieg. Das wirkliche Töten war gewaltig, und wir bezeichneten es als Sieg. Als die halbe Million Soldaten heimkehrte, waren sie innerlich zutiefst von soviel realer und geistig antrainierter Gewaltausübung verletzt. Über mehrere Generationen hinweg werden Millionen ihrer Kinder und Enkelkinder jene Samen von Gewalt und Leiden erben. Wie können wir dies einen Sieg nennen? Als die Soldaten nach Hause kamen, weinten sie. Sie waren am Leben. Ihre Familien und Kinder weinten auch. Selbstverständlich hatten sie das Recht, glücklich zu sein; aber die Männer und Frauen, die zurückkehrten, waren nicht dieselben Männer und Frauen, die fortgezogen waren. Ihre Wunden werden uns noch lange erhalten bleiben.

Wenn wir fähig sein wollen, unsere Veteranen, unseren Präsidenten und unsere Regierung zu lieben und zu verstehen, müssen wir als Nation zusammen meditieren. Achtzig Prozent der amerikanischen Bevölkerung haben den Golfkrieg unterstützt und nannten ihn sauber und moralisch. Sie verstehen die wahre Natur des Krieges nicht. Jeder, der einmal einen Krieg miterlebt hat, kann so etwas nicht sagen. Der Golfkrieg war nicht sauber oder moralisch, weder für das irakische noch für das amerikanische Volk. Und nach einem Krieg betrachten viele Menschen, insbesondere junge Leute, Gewalt als einen Weg, um Probleme zu lösen. Wenn es das nächstemal einen Konflikt in der Welt gibt, werden sie versucht sein, eine weitere militärische Lösung, einen anderen Blitzkrieg, zu unterstützen. Solches Denken und Handeln verletzt das Bewußtsein derjenigen auf der »Gewinnerseite«. Wenn wir Leben schützen wollen, müssen wir als Individuum und als eine Nation tief in das wahre Wesen des Krieges hineinschauen. Erkennen wir dieses, müssen wir es dem ganzen Land offenlegen, indem wir es auf einen riesigen Bildschirm projizieren. Wir müssen gemeinsam lernen und alles nur mögliche unternehmen, um zu verhindern, daß es noch einmal geschieht. Protestieren wir nur, werden wir nicht vorbereitet sein, wenn der nächste Krieg in fünf oder zehn Jahren kommen sollte. Um den nächsten Krieg zu verhindern, müssen wir heute Frieden üben. Wenn wir Frieden entfalten in unserem Herzen und die Dinge in dieser Weise betrachten, wird es keinen Krieg geben. Nur wenn wir echten Frieden besitzen, kann dem Krieg Einhalt geboten werden. Warten wir mit unserer Übung, bis der nächste Krieg bevorsteht, wird es zu spät sein.

Der Tod eines einzelnen irakischen Soldaten bedeutet das Leid einer ganzen Familie; und dabei sind mehr als hunderttausend irakische Soldaten und Zivilisten getötet worden – wir wissen nicht genau wie viele. Nach jedem Krieg setzen sich die Leiden auf beiden Seiten über mehrere Generationen hinweg weiter fort. Schaue dir die Leiden der Vietnamveteranen in Amerika und die Leiden des vietnamesischen Volkes an. Wir müssen Achtsamkeit üben und dürfen die Leiden nicht vergessen, die auf beiden Seiten immer noch anhalten. Wir müssen für diejenigen dasein, die uns brauchen, und sie wissen lassen, daß wir ihre Leiden teilen und daß auch wir leiden. Wenn jemand sich verstanden fühlt, werden seine Leiden gelindert. Bitte vergiß diesen Aspekt der Übung nicht.

Wir, die wir mit Krieg in Berührung gekommen sind, haben die Pflicht, jenen, die keine direkte Erfahrung damit gesammelt haben, die Wahrheit darüber zu vermitteln. Wir sind das Licht an der Kerzenspitze. Es ist sehr heiß, aber es besitzt die Kraft, zu strahlen und zu erhellen. Wenn wir Achtsamkeit üben, werden wir wissen, wie wir tief in das Wesen des Krieges hineinblicken und mit unserer Einsicht andere aufrütteln können. Zusammen können wir so verhindern, daß sich die gleichen Schrecken immer aufs neue wiederholen. Wir, die wir aus dem Krieg geboren wurden, wissen, was er ist. Der Krieg ist in uns, aber auch in jedem anderen. Wir alle haben den Videofilm gesehen, in dem die Polizisten aus Los Angeles auf Rodney King einschlugen. Als ich diese Bilder sah, identifizierte ich mich mit Rodney King und litt sehr stark. Du mußt das gleiche gefühlt haben. Wir alle wurden zur gleichen Zeit geschlagen. Als ich jedoch tiefer hinschaute, erkannte ich, daß ich auch die fünf Polizisten war. Ich konnte nicht unterscheiden zwischen mir selbst und den Männern, die die

Schläge austeilten. Sie offenbarten den Haß und die Gewalt, von denen unsere Gesellschaft durchdrungen ist.

Alles kann jederzeit explodieren, und wir alle sind mitverantwortlich dafür. Nicht nur der Geschlagene leidet, sondern auch jene, die schlagen. Wenn nicht, warum sonst würden sie es dann tun? Nur wenn du selbst leidest, wirst du anderen Leid zufügen. Bist du friedvoll und glücklich, wirst du anderen kein Leid antun. Auch die Polizisten benötigen unsere Liebe und unser Verständnis. Durch unsere Unachtsamkeit und die Art, wie wir unser tägliches Leben führen, haben wir mitgeholfen, sie zu dem werden zu lassen, was sie sind. In meinem Herzen kann ich niemandem die Schuld geben. Die Polizisten zu verhaften und einzusperren wird weder ihnen helfen noch das Problem lösen. Das Problem liegt viel tiefer. Gewalt ist Bestandteil unseres Lebens geworden. Die Vietnamveteranen, die Veteranen aus dem Persischen Golf und die Millionen, die die Gewalt jeden Tag in sich aufnehmen, werden darauf trainiert, genauso wie die Polizisten zu werden, die losgeschlagen haben. Wir akzeptieren Gewalt als eine Lebensweise, und wir bewässern die Samen der Gewalt in uns selbst, wenn wir Fernsehprogramme und Filme anschauen, die uns und die Gesellschaft vergiften. Wenn wir diese ganze Gewalt und all die Mißverständnisse nicht umwandeln, wird es eines Tages unser eigenes Kind sein, das geschlagen oder getötet wird oder das selbst zuschlägt. Das alles geht uns also sehr wohl etwas an.

Bitte nimm deinen kleinen Jungen oder dein kleines Mädchen an die Hand, und gehe langsam zum Park. Du wirst vielleicht erstaunt feststellen, daß dein Kind sich ein wenig langweilt, während du dich des Sonnenscheins, der Bäume und der Vögel erfreust. Junge Leute langweilen sich heutzutage sehr schnell. Sie sind an Fernsehen, Nintendo, Kriegsspielzeug, laute Musik und andere Formen von Reizen gewöhnt. Wenn sie heranwachsen, fahren sie in schnellen Autos, oder sie experimentieren mit Alkohol, Drogen, Sex oder anderen Dingen, die ihren Geist und ihren Körper belasten. Auch wir Erwachsene versuchen, unsere Einsamkeit mit solchen Dingen auszufüllen, und wir alle leiden. Wir müssen uns selbst und unseren Kindern beibringen, die einfachen Freuden, die wir erfahren können, zu schätzen. Dies mag in unserer komplexen und unruhigen Gesellschaft nicht einfach sein, aber es ist für unser Überleben von essentieller Bedeutung. Wenn du mit deinem kleinen Jungen oder deinem kleinen Mädchen im Gras sitzt, weise auf die winzigen gelben und blauen Blumen hin, die zwischen den Gräsern wachsen, und versenkt euch gemeinsam in diese Wunder. Friedenserziehung beginnt bei solchen Gelegenheiten.

8

NAHRUNG FÜR EINE
ACHTSAME GESELLSCHAFT

Um in unserem täglichen Leben Frieden zu finden, benötigen wir einige Richtlinien. Vor zweitausendfünfhun-
dert Jahren übergab der Buddha dem Anathapindika und
seinen Freunden fünf wunderbare Regeln. Sie waren als
eine Übung gedacht, die ihnen helfen sollte, ein friedfer-
tiges und erfülltes Leben zu führen. Seit dieser Zeit
haben diese Richtlinien in vielen asiatischen Ländern als
ethische Grundlage für ein glückliches Leben gedient.
Ich möchte sie euch in einer Weise darlegen, die ihre
Anwendbarkeit auf unsere heutige Situation verdeut-
licht. Gewalt, Rassismus, Alkoholismus, sexueller Mißbrauch, die Ausbeutung der Umwelt und so viele andere
Probleme drängen uns, Mittel und Wege zur Beendigung
der Leiden, die in uns selbst und der Gesellschaft wu-
chern, zu finden. Ich hoffe, du wirst über diese fünf
Regeln nachdenken und versuchen, sie zu üben – entweder in dieser Form oder aber so, wie sie in deiner eigenen
Tradition dargestellt werden.

Die erste Regel

Eingedenk der Leiden, die durch die Zerstörung von Leben verursacht werden, gelobe ich, Mitgefühl zu entwickeln und zu lernen, wie man das Leben von Menschen, Tieren und Pflanzen schützen kann. Ich bin fest entschlossen, nicht zu töten, nicht zuzulassen, daß andere töten, und in meinem Denken und in meiner Lebenshaltung keinen Akt des Tötens in der Welt zu billigen.

Die Grundlage aller Regeln ist Achtsamkeit. Mit Achtsamkeit erkennen wir, wie überall Leben zerstört wird, und wir geloben, Mitgefühl als eine Quelle der Kraft zum Schutz von Menschen, Tieren, Pflanzen und unseres gesamten Planeten zu entfalten. Nur Mitgefühl zu empfinden ist nicht genug. Wir müssen zudem Verständnis entwickeln, so daß wir erkennen, was wir tun sollen. Wir müssen die Anstrengung aufbringen, alle Kriege zu beenden.

Der Geist ist die Grundlage unserer Handlungen. In Gedanken zu töten ist gefährlicher, als jemanden physisch zu töten. Wenn du glaubst, du hättest den einzig gangbaren Weg gefunden und jeder, der nicht deinem Weg nachfolgt, sei dein Feind, werden vielleicht Millionen getötet. Nicht allein das Töten mit unseren Händen läßt uns die erste Regel brechen. Sollten wir es in unserem Denken oder in unserer Lebensweise zulassen, daß das Töten weitergeht, ist dies auch eine Übertretung. Wir müssen genau hinschauen. Wenn wir etwas kaufen oder konsumieren, sind wir vielleicht an einem Akt der Tötung beteiligt. Diese erste Regel spiegelt unsere Entschlossenheit wider, einerseits selbst weder direkt noch indirekt zu töten und andererseits andere vom Töten abzuhalten. Indem wir geloben, diese Regel zu üben, widmen wir uns dem Schutz unseres Planeten, und wir werden zu Bodhisattvas, die intensiv danach streben, Liebe und Mitgefühl zu üben.

Die zweite Regel

Eingedenk der Leiden, die durch Ausbeutung, soziale Ungerechtigkeit, Stehlen und Unterdrückung verursacht werden, gelobe ich, liebende Güte zu entwickeln und zu lernen, wie man für das Wohlergehen der Menschen, der Tiere und der Pflanzen arbeitet. Ich gelobe, Freigebigkeit zu üben, indem ich meine Zeit, Kraft und materiellen Mittel mit jenen teile, die wirklich bedürftig sind. Ich bin fest entschlossen, nichts, was anderen gehört oder ihnen gehören sollte, zu stehlen oder zu besitzen. Ich werde das Eigentum anderer respektieren, und ich werde andere davon abhalten, von menschlichen Leiden oder dem Leiden anderer Lebewesen auf der Erde zu profitieren.

Stehlen kommt in vielen Formen vor. Unterdrückung ist eine Art des Stehlens und verursacht viele Leiden – hier und in der dritten Welt. Länder werden von Armut und Unterdrückung zerrissen. Vielleicht möchten wir zum Beispiel hungernden Kindern dabei helfen, sich selbst zu helfen, werden aber von einer Lebensweise gefangengenommen, die uns so geschäftig hält, daß wir keine Zeit dazu finden. Wir benötigen nicht sehr viel Geld, um ihnen zu helfen. Manchmal brauchen sie nur eine Arznei oder eine Schüssel voll Nahrung; da wir uns aber nicht von unseren eigenen kleinen Problemen und unserem Lebensstil freimachen können, tun wir überhaupt nichts.

Diese Regel handelt auch von Achtsamkeit gegenüber dem Leiden und von der Entfaltung liebender Güte. Wir mögen die Fähigkeit zur Freigebigkeit besitzen, aber wir müssen auch spezielle Mittel und Wege finden, unserer Freigebigkeit Ausdruck zu verleihen. Zeit ist mehr als Geld. Die Zeit dient dazu, den anderen, und damit auch uns selbst, Freude und Glück zu bringen. Es gibt drei Arten von Geschenken: das Geschenk in Form von materiellen Gütern, das Geschenk, den anderen dabei zu helfen, sich auf sich selbst zu verlassen und das Geschenk von Furchtlosigkeit. Menschen dabei behilflich zu sein, nicht von Ängsten zerstört zu werden, ist das größte Geschenk überhaupt. Diese Regel lehrt uns die sehr tiefgründige Übung, Zeit, Kraft und materielle Güter mit jenen zu teilen, die wirklich bedürftig sind, und sie spiegelt wahrhaft das Bodhisattva-Ideal des Mitgefühls wider.

Die dritte Regel

Eingedenk der Leiden, die durch sexuelles Fehlverhalten verursacht werden, gelobe ich, Verantwortung zu entwickeln und zu lernen, wie man die Sicherheit und Integrität von einzelnen, von Paaren, von Familien und der Gesellschaft bewahrt. Ich bin entschlossen, keine sexuellen Beziehungen ohne Liebe und langfristige Verpflichtungen einzugehen. Um mein eigenes Glück und das der anderen zu wahren, bin ich entschlossen, meine Verpflichtungen und die der anderen zu respektieren. Ich werde alles in meiner Macht Stehende tun, um Kinder vor sexuellem Mißbrauch zu schützen und um Paare und Familien davor zu bewahren, durch sexuelles Fehlverhalten zu zerbrechen.

Diese Regel üben wir, um uns selbst und anderen dabei zu helfen, nicht verletzt zu werden. Wir üben sie auch, um in uns selbst, in unseren Familien und in der Gesellschaft Frieden und Stabilität wiederherzustellen. Eine sexuelle Beziehung ist ein Akt der Verbundenheit und sollte in Achtsamkeit und mit Liebe, Fürsorge und Respekt gelebt werden. »Liebe« ist ein schönes Wort, und wir müssen seine Bedeutung wiederherstellen. Wenn wir sagen: »Ich liebe Hamburger«, mißbrauchen wir das Wort. Wir müssen uns bemühen, die Worte wieder zu heilen, indem wir sie richtig und sorgfältig verwenden. Wahre Liebe beinhaltet ein Gefühl von Verantwortung, und sie nimmt den anderen so an, wie er ist – mit all seinen Stärken und Schwächen. Wenn du nur die besten Seiten des anderen schätzt, ist dies keine Liebe. Du mußt seine oder ihre Schwächen akzeptieren und deine Geduld, dein Verständnis und deine Kraft einbringen, um dem anderen dabei zu helfen, sich zu verändern. Diese Form der Liebe ist sicher.

Wir verwenden den Ausdruck »Liebeskummer«, um eine Liebe zu beschreiben, die uns krank macht. Es handelt sich dabei um eine Art von Anhaftung oder Sucht. Gleich einer Droge vermittelt sie uns ein Hochgefühl.

Wenn wir aber erst einmal süchtig geworden sind, können wir keinen Frieden finden. Wir können nicht mehr lernen, nicht mehr arbeiten oder schlafen. Wir müssen immerzu an den anderen denken. Diese Art von Liebe ist zwanghaft, ja sogar totalitär. Wir wollen das Objekt unserer Liebe besitzen, und wir wollen nicht, daß uns irgend jemand daran hindert, sie oder ihn völlig in Besitz zu nehmen. Diese Liebe schafft eine Art von Gefängnis für unseren Geliebten beziehungsweise für unsere Geliebte. Er oder sie wird des Rechts beraubt, er oder sie selbst zu sein.

Das Gefühl der Einsamkeit ist überall in unserer Gesellschaft zu finden und kann uns in eine Beziehung hineindrängen. Wir glauben naiverweise, daß wir uns weniger allein fühlen, wenn wir eine sexuelle Beziehung eingehen. Wenn jedoch kein wahres Verständnis zwischen dir und dem anderen besteht, wird eine sexuelle Beziehung die Lücke nur erweitern und euch beiden Leiden verursachen.

Der Begriff »Langzeitverpflichtung« reicht nicht aus, um die Tiefe unserer Liebe auszudrücken; aber wir müssen eine Formulierung wählen, so daß der Gedanke klar wird. Um unser Kind wirklich zu lieben, müssen wir eine langfristige Verpflichtung eingehen, und solange wir leben, müssen wir ihm auf dem Lebensweg helfen. Wenn wir einen guten Freund haben, gehen wir auch eine langfristige Verpflichtung ein. Um wieviel mehr muß dies dann bei jemandem der Fall sein, mit dem wir unseren Körper und unsere Seele teilen wollen. Es ist wichtig, solche Verpflichtungen im Zusammenhang mit einer Gemeinschaft einzugehen, sei es die Familie oder Freunde, die als Zeugen wirken und dich unterstützen. Das Gefühl zwischen dir und deinem Partner mag eventuell nicht ausreichen, um euer Glück in widrigen Zeiten zu bewahren. Selbst wenn du die Institution Ehe nicht anerkennst, ist es dennoch wichtig, deiner Verpflichtung in Gegenwart von Freunden, die dich lieben und unterstützen, Ausdruck zu verleihen. Es wird dir Frieden, Stabilität und eine größere Chance für wirkliches Glück geben.

Diese Regel läßt sich auch auf die Gesellschaft anwenden. Unsere Familie und unsere Gesellschaft werden durch sexuelles Fehlverhalten auf vielerlei Arten zerstört. Viele Menschen leiden jeden Tag, weil sie als Kinder sexuell belästigt worden sind. Wenn du diese Regel übst, gelobst du, Kinder, aber auch diejenigen, die Kinder sexuell mißbrauchen, zu beschützen. Jene, die Leiden verursachen, müssen ebenfalls zu Objekten unserer Liebe und unseres Schutzes werden. Sie sind die Produkte einer instabilen Gesellschaft und benötigen unsere Hilfe. Unsere Gesellschaft braucht Bodhisattvas, die sich in diesem Bereich engagieren, um Leiden und das Zerbrechen von Beziehungen, Familien und einzelnen zu verhindern.

Die vierte Regel

Eingedenk der Leiden, die durch unachtsame Rede und die Unfähigkeit, anderen zuzuhören, verursacht werden, gelobe ich, liebevolle Rede zu entfalten und tief zuzuhören, um anderen Freude und Glück zu bringen und sie von ihren Leiden zu befreien. Da ich weiß, daß Worte Glück oder Leid verursachen können, werde ich lernen, mit Worten, die zu Selbstvertrauen, Freude und Hoffnung anregen, die Wahrheit zu sagen. Ich bin fest entschlossen, keine Neuigkeiten zu verbreiten, von denen ich nicht weiß, ob sie richtig oder falsch sind, und ich werde nichts kritisieren oder verwerfen, über das ich nicht genau Bescheid weiß. Ich werde davon Abstand nehmen, Worte zu äußern, die Trennung oder Disharmonie verursachen oder die Familie oder Gemeinschaft zerstören können. Ich werde jede Anstrengung auf mich nehmen, um alle Konflikte – wie gering sie auch immer sein mögen – zu schlichten und zu lösen.

Liebevolle Rede ist ein Akt der Freigebigkeit. Wenn wir von liebender Güte motiviert sind, können wir mit unseren freundlichen Worten viele andere glücklich machen. Haben wir viele Schmerzen, ist es schwierig, liebevoll zu sprechen; deshalb ist es wichtig, tief in das Wesen unseres Ärgers, unserer Verzweiflung und unserer Leiden hineinzuschauen, um von ihnen freizukommen. Wenn wir Worte benutzen, die insbesondere unsere Kinder mit Selbstvertrauen und Glauben erfüllen, werden sie aufblühen.

In meiner Tradition rezitieren wir folgenden Vers, wenn wir nach Inspiration für die Übung in der Kunst des Zuhörens suchen:

Wir rufen deinen Namen, Avalokitesvara. Wir wollen deine Art des Zuhörens lernen, um die Leiden der Welt lindern zu helfen. Du weißt, wie man zuhören muß, um zu verstehen. Wir rufen deinen Namen, um mit all unserer Aufmerksamkeit und Offenherzigkeit das Zuhören zu üben. Wir werden dasitzen und ohne jegliches Vorurteil zuhören. Wir werden dasitzen und zuhören, ohne zu bewerten oder eine Reaktion zu zeigen. Wir werden dasitzen und zuhören, um zu verstehen. Wir werden dasitzen und so aufmerksam zuhören, daß wir hören können, was der andere sagt und was ungesagt bleibt. Wir wissen, daß wir allein durch das tiefe Zuhören einen großen Teil der Schmerzen und Leiden des anderen lindern.

Tief zuzuhören ist die Grundlage für Aussöhnung. Zu versöhnen bedeutet, den Mitgliedern unserer Familie, der Gesellschaft oder anderer Völker Frieden und Glück zu bringen. Um die Arbeit der Aussöhnung zu fördern, müssen wir davon absehen, für die eine oder andere Seite Partei zu ergreifen, um so beide verstehen zu können. Diese Arbeit erfordert Mut; vielleicht werden wir von jenen, denen wir helfen wollen, unterdrückt oder sogar umgebracht. Nachdem wir beide Seiten gehört haben, können wir jeder Seite von den Leiden der anderen erzählen. Dies allein wird bereits das gegenseitige Verständnis vergrößern. Wir brauchen dringend Menschen, die so etwas an vielen Plätzen der Welt, einschließlich Südafrika, Osteuropa, dem Nahen Osten und Südostasien, durchführen. Unsere Gesellschaft braucht Bodhisattvas, die die riesigen Lücken zwischen Religionen, Rassen und Völkern überbrücken.

Die fünfte Regel

Eingedenk der Leiden, die durch unachtsamen Konsum verursacht werden, gelobe ich, eine gute körperliche und geistige Gesundheit für mich selbst, meine Familie und meine Gesellschaft zu entwickeln, indem ich mich übe, achtsam zu essen, zu trinken und zu konsumieren. Ich gelobe, nur solche Dinge zu mir zu nehmen, die Frieden, Wohlergehen und Freude in meinem Körper und Geist und in dem kollektiven Körper und Geist meiner Familie und der Gesellschaft wahren. Ich bin entschlossen, keinen Alkohol oder irgendein anderes berauschendes Getränk zu mir zu nehmen oder Nahrung und andere Dinge, die Gifte enthalten wie bestimmte Fernsehprogramme, Zeitschriften, Bücher, Filme und Gespräche. Ich bin mir dessen bewußt, daß ich meine Vorfahren, meine Eltern, meine Gesellschaft und die zukünftigen Generationen verrate, wenn ich meinen Körper und meinen Geist mit diesen Giften schädige. Indem ich mir um meiner selbst und der Gesellschaft willen eine Diät auferlege, werde ich daran arbeiten, Gewalt, Furcht, Ärger und Verwirrung in mir selbst und der Gesellschaft umzuformen. Ich sehe ein, daß eine angemessene Diät bei der Umwandlung meiner selbst und der Gesellschaft ein entscheidender Punkt ist.

Im Westen haben die Menschen den Eindruck, daß ihr Körper ihnen gehört und daß sie mit ihm machen können, was sie wollen. Sie denken, sie hätten das Recht, ihr Leben so zu leben, wie es ihnen gefällt. Und das Gesetz unterstützt sie noch dabei. Dies ist Individualismus. Aber entsprechend den Lehren des Einsseins gehört dein Körper nicht dir allein. Dein Körper gehört deinen Vorfahren, deinen Eltern, den zukünftigen Generationen und ebenso der Gesellschaft und allen anderen Lebewesen. Sie alle sind daran beteiligt gewesen, die Existenz dieses Körpers zu ermöglichen. Deinen Körper gesund zu halten ist ein Ausdruck der Dankbarkeit dem gesamten Universum gegenüber – den Bäumen, den Wolken und allem anderen. Du übst diese Regel für alle. Wenn du körperlich und geistig gesund bist, werden wir alle einen Gewinn daraus ziehen. Wir sind, was wir zu uns nehmen und umsetzen. Wir müssen essen, trinken und konsumieren; solange wir dies aber unachtsam tun, werden wir womöglich unseren Körper und Geist zerstören und damit einen Mangel an Dankbarkeit gegenüber unseren Vorfahren, Eltern und zukünftigen Generationen zum Ausdruck bringen. Achtsames Konsumieren ist das Hauptanliegen dieser Regel.

Für jede Familie ist es wichtig, täglich zumindest eine gemeinsame Mahlzeit einzunehmen. Diese sollte Gelegenheit dafür bieten, Achtsamkeit zu üben und zu erkennen, wie glücklich wir uns schätzen können zusammenzusein. Nachdem wir uns hingesetzt haben, blicken wir alle an, atmen ein und aus und lächeln jeden einige Sekunden an. Diese Übung kann Wunder wirken. Sie kann dich und auch die anderen am Tisch real werden lassen.

Dann üben wir Meditation in Hinblick auf das Essen. Einer schaut auf ein Gericht auf dem Tisch und beschreibt seine Zusammensetzung und seine Geschichte. Kinder und Erwachsene können davon lernen und gewinnen einen tieferen Einblick in das Wesen der Nahrung. Dies benötigt nur wenige Minuten, aber es wird jedem helfen, sich der Speise noch mehr zu erfreuen. Zum Beispiel sagt jemand laut: »Dieses Brot, das aus Weizen, Erde, Sonnenschein und Regen gemacht wurde, ist nach vieler harter Arbeit zu uns gekommen. Der Weizen wurde organisch von einem Farmer in Texas angebaut, und ein beträchtliches Maß an Treibstoff wurde aufgewendet, um das Mehl zu einer gewissenhaft arbeitenden Bäckerei in unserer Heimatstadt zu transportieren. Mögen wir in einer dieser Nahrung angemessenen Weise leben, und mögen wir die positiven wie negativen Elemente wertschätzen, die in jedem Bissen vorhanden sind.«

Schweigend zu essen, und sei es nur für wenige Minuten, ist eine sehr wichtige Übung. Es nimmt all die Ablenkungen, die uns davon abhalten können, die Nahrung wirklich zu berühren. Unsere Achtsamkeit mag zerbrechlich sein, und es ist vielleicht zu schwierig, ein Gespräch fortzusetzen und gleichzeitig das Essen wirklich zu schätzen. Deshalb ist es wunderbar, die ersten fünf bis zehn Minuten schweigend zu essen. In der klösterlichen Tradition, der ich angehöre, üben wir vor dem Essen die Fünf Kontemplationen. Die zweite Kontemplation ist: »Wir geloben, dieser Speise wert zu sein.« Ich denke, die beste Art, dieser Speise wert zu sein, ist, sie achtsam zu essen. Der gesamte Kosmos ist zusammengekommen, um diese Nahrung verfügbar zu machen, und jemand hat eine oder mehrere Stunden darauf verwandt, das Gericht zuzubereiten. Es wäre schade, wenn wir es nicht in Achtsamkeit essen würden.

Nach der Zeit der Stille können wir achtsames Sprechen üben – jene Art von Gespräch, die das Glück in der Familie anwachsen lassen kann. Wir sollten niemals von Dingen sprechen, die uns trennen könnten; wir sollten während des Mahls niemals jemandem einen Vorwurf machen. Das würde alles verderben. Eltern sollten es unterlassen, die Fehler, die ihre Kinder begangen haben, zu besprechen, und junge Leute sollten auch nur solche Dinge sagen, die das Glück anwachsen lassen und die Achtsamkeit in der Familie stärken wie zum Beispiel: »Vati, ist diese Suppe nicht phantastisch?« In dieser Weise zu sprechen bewässert in der ganzen Familie die Samen des Glücks. Leben ist eine Kunst. Wir sollten alle Künstler sein, um ein glückliches Leben zu führen. Wir haben später noch Zeit, über unsere geschäftlichen Vorhaben oder das, was in der Schule passierte, zu diskutieren. Während der Essenszeit sind wir dankbar dafür, daß wir zusammen sind, wir sind dankbar, daß wir Nahrung zu essen haben, und so erfreuen wir uns wirklich am Essen und an der Gegenwart der anderen.

111

Es ist wichtig, eine gesunde Diät einzuhalten. Es gibt so viele wunderbare Dinge zu essen und zu trinken; wir müssen aber davon Abstand nehmen, Schädliches zu uns zu nehmen. Alkohol verursacht viel Leiden. So viele Heranwachsende sind von ihren alkoholabhängigen Eltern in der einen oder anderen Form mißbraucht worden. Die Früchte und das Getreide, aus denen die alkoholischen Getränke hergestellt werden, benötigen Ackerland, das Nahrung für die Hungernden liefern könnte. Und an wie vielen Verkehrsunfällen sind Personen beteiligt, die sich im Rausch befanden! Wenn wir verstehen, daß wir nicht nur für uns selbst praktizieren, werden wir damit aufhören, Alkohol zu trinken. Mit dem Trinken aufzuhören ist eine Erklärung an unsere Kinder und unsere Gesellschaft, daß Alkohol nichts Unterstützenswertes ist. Aber selbst wenn wir nicht trinken, können wir von einem betrunkenen Fahrer getötet werden. Indem wir einen Menschen davon überzeugen, das Trinken besser seinzulassen, machen wir die Welt zu einem sichereren Ort. Wein zu trinken ist tief in der westlichen Zivilisation verankert, wie am Abendmahl und dem Sabbatmahl zu ersehen ist. Ich habe mit Priestern und Rabbinern gesprochen, um herauszufinden, ob vielleicht der Wein durch Traubensaft oder andere Getränke ersetzt werden könnte, und sie denken, daß dies möglich wäre.

Manchmal müßten wir gar nicht so viel konsumieren, wie wir es tatsächlich tun. Der Konsum selbst kann zu einer Art Sucht werden, weil wir uns so allein fühlen.

Einsamkeit ist eine der Geißeln des modernen Lebens. Wenn wir einsam sind, nehmen wir mit unserem Körper und Geist Nahrung auf, die uns Giftstoffe zuführen. Genauso wie wir keine Mühen scheuen, um eine angemessene Diät für unseren Körper einzuhalten, müssen wir auch für unseren Geist die richtige Diät wählen. Hierfür müssen wir es unterlassen, toxische intellektuelle und spirituelle Kost zu uns zu nehmen. Wenn beim Fernsehen, beim Lesen von Zeitschriften und Büchern und beim Telefonieren unser Konsum ohne Achtsamkeit ist, verschlimmern wir unsere Situation nur noch. Sehen wir uns eine Stunde lang einen gewaltgeladenen Film an, begießen wir in uns die Samen der Gewalt, des Hasses und der Angst. Wir selbst tun dies, und wir lassen es auch unsere Kinder tun. Wir sollten uns mit der Familie zusammensetzen, um eine intelligente Vorgehensweise für das Fernsehen zu diskutieren. Vielleicht müssen wir unseren Fernsehapparat mit den gleichen Aufschriften versehen wie unsere Zigarettenpackungen: »Achtung: Fernsehen kann Ihre Gesundheit gefährden.« Kinder sehen so viele Bilder der Gewalt im Fernsehen. Wir brauchen eine intelligente Strategie für den Umgang mit dem Fernsehen.

Natürlich gibt es viele gesunde und schöne Programme, und wir sollten unsere Zeit so einteilen, daß die Familie von ihnen profitieren kann. Wir müssen unsere Fernseher nicht zerstören. Wir brauchen sie nur achtsam zu benutzen. Wir können die Fernsehsender bitten, heilsamere Programme auszustrahlen, und einen Boykott der

Sender unterstützen, die sich dieser Bitte versperren. Selbst die Herstellung von Fernsehern, die nur Signale von solchen Situationen empfangen, die gesunde, bildende Programme produzieren, könnten wir unterstützen. Wir müssen geschützt werden, denn die Gifte sind überwältigend und zerstören sowohl unsere Gesellschaft als auch unsere Familien und uns selbst.

Die Essenz dieser Regel ist die Idee einer Diät. Unser kollektives Bewußtsein birgt viel Gewalt, Angst, Gier und Haß in sich, und dies äußert sich in Kriegen und Bomben. Bomben sind ein Produkt unserer Angst im kollektiven Bewußtsein. Es genügt nicht, nur die Bomben zu beseitigen. Selbst wenn wir all die Bomben auf den Mond verfrachten könnten, wären wir nicht in Sicherheit, da die Wurzeln des Krieges und der Bomben noch in unserem kollektiven Bewußtsein wären. Wir werden den Krieg nicht durch zornerfüllte Demonstrationen abschaffen. Vielmehr müssen wir die Gifte in unserem eigenen und im kollektiven Bewußtsein umwandeln. Wir müssen für uns selbst, für unsere Familien und unsere Gesellschaft eine Diät einüben und mit Künstlern, Schriftstellern, Filmemachern, Rechtsanwälten, Psychotherapeuten und anderen zusammenarbeiten, wenn wir die Art von Konsum beenden wollen, die unser kollektives Bewußtsein vergiftet.

Das Problem ist gewaltig. Es ist nicht nur eine Frage des Genusses von einem Glas Wein. Wenn du ganz damit aufhörst, Alkohol zu trinken oder unheilsame

Filme und Fernsehprogramme anzuschauen, tust du dies für die ganze Gesellschaft. Erkennst du, daß wir in großer Gefahr schweben, ist das Ablehnen des ersten Glases Wein ein Zeichen deiner verständigen Einstellung. Du gibst deinen Kindern, deinen Freunden und uns allen ein Beispiel. Im französischen Fernsehen sagen sie: »Une verre, ça va, deux verres, bonjour les dégâts. – Ein Glas ist in Ordnung, aber zwei Gläser sind der Anfang vom Ende.« Sie sagen nicht, daß es ein zweites Glas nicht gäbe, wenn das erste nicht wäre.

Bitte verbünde dich mit mir, indem du drei Dinge niederschreibst. Erstens, welche Gifte befinden sich bereits in deinem Körper, und welche Gifte trägst du bereits in deiner Psyche, in deinem Bewußtsein? Worunter leidest du im Moment? Mußt du Meditation im Sitzen oder Gehen üben, um tief genug schauen zu können, dann tue es bitte. Hast du es getan, so setze dich bitte einige Augenblicke ruhig hin, und blicke in den Körper und die Seele deiner Kinder, deines Ehepartners oder anderer Nahestehender, denn ihr alle praktiziert zusammen. Diese Gifte zu erkennen und auf einem Stück Papier aufzulisten ist Meditation – tief hineinzuschauen, um Dinge bei ihrem wahren Namen zu nennen.

Zweitens frage dich bitte selbst: »Was für ein Gift führe ich jeden Tag meinem Körper und meinem Geist zu? Was nehme ich jeden Tag zu mir, das für meinen Körper und mein Bewußtsein giftig ist? Was nimmt meine Familie zu sich? Was nimmt meine Stadt und

115

meine Nation an Gewalt, Haß und Furcht zu sich?« Die Schläge auf Rodney King zeigen, wieviel Haß, Furcht und Gewalt in unserer Gesellschaft stecken. Was für Gifte nehmen wir jeden Tag in unserer Familie, unseren Städten und unserer Nahrung zu uns? Dies ist eine kollektive Meditation.

Drittens, schreibe einen Vorsatz auf, der auf deiner Einsicht beruht. Zum Beispiel: »Ich gelobe, daß ich vom heutigen Tag an nicht noch mehr von diesem und diesem und diesem zu mir nehmen werde. Ich gelobe, nur dies und dies und dies zu gebrauchen, um meinen Körper und meinen Geist zu nähren.« Dies ist die Grundlage der Übung – die Übung der liebenden Güte sich selbst gegenüber. Du kannst jemand anders nicht lieben, bevor du dich nicht selbst liebst und umsorgst. Sich in dieser Weise zu schulen ist das Üben von Frieden, Liebe und Einsicht. Wenn du tief blickst, gewinnst du Einsicht, und deine Einsicht wird Mitgefühl entfachen.

Bevor du zu essen beginnst, atme ein und aus und schaue auf den Tisch, um zu erkennen, was gut für deinen Körper ist und was nicht. Dies ist die Übung der Regel des Beschützens deines Körpers. Wenn du fernsehen oder ins Kino gehen möchtest, schaue zunächst tief hinein, um zu entscheiden, was du und deine Kinder sich anschauen sollten und was nicht. Denke über die Bücher und Zeitschriften nach, die du liest, und entscheide, welche davon du und deine Kinder lesen sollten und welche nicht. Wenn wir zusammen als eine Gemein-

116

schaft praktizieren, müssen wir nicht länger dazu Zuflucht nehmen, uns gegenseitig mit weiteren Giften zu unterhalten. Aufgrund unserer Einsicht können wir entscheiden, was wir in unseren Körper und unsere Seele aufnehmen und was nicht.

Bitte bespreche mit deiner Familie und mit deinen Freunden eine Diät für euren Körper, eine Diät für euren Geist und auch eine Diät für das kollektive Bewußtsein unserer Gesellschaft. Dies ist eine Meditationsübung und wahre Friedensarbeit. Friede beginnt damit, daß jeder von uns sich jeden Tag um seinen Körper und seinen Geist kümmert.

Ich hoffe, du wirst dich entsprechend dem Wortlaut und dem Sinn dieser fünf Regeln üben, sie regelmäßig zitieren und mit Freunden besprechen. Solltest du eine vergleichbare Übung aus deiner eigenen Tradition vorziehen, so ist dies wunderbar. In Plum Village rezitieren wir diese Regeln jede Woche. Eine Person liest jede Regel langsam vor und atmet dann dreimal, bevor sie sagt: »Dies ist die (erste) der fünf Regeln. Hast du dich in der letzten Woche bemüht, sie zu studieren und zu üben?« Wir antworten nicht mit Ja oder Nein. Wir atmen nur dreimal und lassen die Frage in uns einsinken. Das ist ausreichend. Ein Ja wäre nicht völlig zutreffend, aber ein Nein wäre auch nicht korrekt. Niemand kann diese Regeln in perfekter Weise üben. Bist du zum Beispiel Vegetarier, enthält die Nahrung, die du zu dir nimmst, auch Lebewesen. Doch wir müssen etwas tun, und die Übung dieser Regeln ist eine Richtung, der wir folgen können, um die dramatischen Veränderungen herbeizuführen, die in uns selbst und in der Gesellschaft erforderlich sind.

9

AUFBAU DES SANGHA

Immer wenn ich jemanden ohne Wurzeln erblicke, sehe ich ihn als hungrigen Geist. In der buddhistischen Mythologie wird der Begriff »hungriger Geist« auf eine wandernde Seele angewendet, die extrem hungrig und durstig ist, deren Kehle aber zu eng ist, um Speise und Trank passieren zu lassen. In Vietnam bringen wir am Tag des Vollmonds des siebten Mondmonats den hungrigen Geistern Speisen und Getränke dar. Wir wissen, daß es für sie schwierig ist, unsere Gaben entgegenzunehmen, und so rezitieren wir ein *Mantra zum Erweitern der Kehle der hungrigen Geister.* Es gibt so viele hungrige Geister und unsere Häuser sind so klein, deshalb bringen wir diese Opfergaben im Vorgarten dar.

Hungrige Geister verlangen danach, geliebt zu werden; aber sie können unsere Liebe und Fürsorge nicht empfangen, sosehr wir sie auch lieben und soviel wir uns auch um sie kümmern mögen. Sie verstehen wohl grundsätzlich, daß es im Leben Schönes gibt, aber sie können es nicht berühren. Es scheint sie etwas daran zu hindern, diese erfrischenden und heilenden Elemente des Lebens zu berühren. Sie wollen das Leben nur vergessen und wenden sich daher dem Alkohol, Drogen oder Sex zu, die ihnen helfen sollen zu vergessen. Wenn wir sagen: »Tue das nicht«, wollen sie nicht darauf eingehen. Sie haben genug Ermahnungen gehört. Sie brauchen etwas, an das sie glauben können, etwas, das ihnen beweist, daß das Leben einen Sinn hat. Wir alle brauchen etwas, an das wir glauben können. Um hungrigen Geistern zu helfen, müssen wir ihnen achtsam zuhören, eine familiäre und brüderliche Atmosphäre schaffen und ihnen dabei helfen, etwas Gutes, Schönes und Wahres, an das sie glauben können, zu erleben.

Eines Nachmittags sah ich in Plum Village eine Frau, die genau wie ein hungriger Geist aussah. Zu dieser Jahreszeit war es in Plum Village wunderschön – die Blumen blühten und jeder lächelte –, sie jedoch konnte nichts berühren. Ich konnte ihren Schmerz und ihr Leid spüren. Sie ging allein und schien mit jedem Schritt an Einsamkeit zu sterben. Sie war nach Plum Village gekommen, um mit anderen zusammenzusein; aber als sie ankam, war sie nicht fähig dazu.

Unsere Gesellschaft produziert Millionen von hungrigen Geistern, Menschen jeglichen Alters – ich habe einige gesehen, die noch keine zehn Jahre alt waren –, die überhaupt keine Wurzeln besitzen. Sie haben zu Hause niemals Glück erfahren und besitzen nichts, an das sie glauben oder dem sie zugehören. Dies ist die hauptsächliche Krankheit unserer Zeit. Wie kannst du ohne Glauben überleben? Wie kannst du die Kraft finden, zu lächeln oder die Linde oder den schönen Himmel zu berühren? Du bist verloren, und du lebst ohne jeglichen Sinn für Verantwortung. Alkohol und Drogen zerstören deinen Körper.

Unsere Regierung glaubt, das Drogenproblem sei so anzugehen, daß man das Einschmuggeln von Drogen ins Land zu verhindern sucht und diejenigen verhaftet, die Drogen verkaufen oder zu sich nehmen. Daß Drogen erhältlich sind, ist aber nur eine zweitrangige Ursache des Problems. Der Hauptgrund ist der Mangel an Sinn im Leben so vieler Menschen, der mangelnde Glaube an etwas. Du konsumierst Drogen oder Alkohol, weil du unglücklich bist – du nimmst dich selbst, deine Familie, deine Gesellschaft oder deine Tradition nicht an und möchtest dich von allem lossagen.

Wir müssen Mittel und Wege finden, die Fundamente unserer Gemeinschaft wiederaufzubauen und den Menschen etwas zu geben, an das sie glauben. Das, was dir früher angeboten wurde, war vielleicht zu abstrakt und wurde zu autoritär präsentiert. Vielleicht dachtest du, die Wissenschaft würde der Gesellschaft Erleichterungen oder der Marxismus soziale Gerechtigkeit bringen, und deine Glaubensvorstellungen sind dann zerbrochen. Selbst der Gott, zu dem du gebetet hast – der Gott, den Präsident Bush um Hilfe anrief, um den Irak zu besiegen –, war zu unbedeutend. Viele unter denen, die eure

Tradition repräsentieren, haben selbst nicht deren höchste Werte erfahren; sie sprachen nur in ihrem Namen und versuchten, euch den Glauben aufzuzwingen, aber ihr fühltet euch davon abgestoßen.

Achtsamkeit ist etwas, an das wir glauben können. Es ist unsere Fähigkeit, uns dessen bewußt zu sein, was im gegenwärtigen Moment vor sich geht. An Achtsamkeit zu glauben ist ungefährlich und keinesfalls abstrakt. Wenn wir ein Glas Wasser trinken und wissen, daß wir ein Glas Wasser trinken, ist Achtsamkeit da. Wenn wir sitzen, gehen, stehen oder atmen und dabei wissen, daß wir sitzen, gehen, stehen oder atmen, berühren wir den Samen der Achtsamkeit in uns, und nach einigen Tagen wird unsere Achtsamkeit dadurch sehr gestärkt sein. Achtsamkeit ist ein Licht, das uns den Weg weist. Es ist der lebende Buddha in jedem von uns. Achtsamkeit läßt Einsicht, Erwachen, Mitgefühl und Liebe entstehen.

Nicht nur Buddhisten, sondern auch Christen, Juden, Moslems und Marxisten können akzeptieren, daß jeder von uns die Fähigkeit besitzt, achtsam zu sein, und daß jeder den Samen für Achtsamkeit in sich trägt. Verstehen wir es, diesen Samen zu bewässern, wird er wachsen, und wir werden wieder lebendig, fähig, alle Wunder des Lebens zu genießen. Ich kenne viele Familien, die kurz vor der Zerrüttung standen, in die aber dank der Achtsamkeitsübung wieder Harmonie einkehrte. Wenn du mich fragst, an was ich glaube, würde ich daher sagen, daß es die Achtsamkeit ist. Vertrauen ist die erste der fünf

Kräfte, die vom Buddha gelehrt wurden. Die zweite ist Tatkraft, die dritte Achtsamkeit, die vierte Konzentration und die fünfte Einsicht. Hast du kein Vertrauen, glaubst du an nichts, dann bist du ohne Tatkraft. Vertrauen aber bringt Kraft. Ein guter Freund ist jemand, der einem Vertrauen einflößen kann.

Wenn wir den Boden berühren, können wir die Festigkeit der Erde fühlen. Wir können auch Stabilität im Sonnenschein, in der Luft und in den Bäumen verspüren – wir können uns auf die Sonne verlassen, daß sie morgen aufgehen wird, und auf die Bäume, daß sie für uns da sind. Wir müssen auf das vertrauen, was stabil ist. Bauen wir ein Haus, so tun wir dies auf solidem Grund. Wenn wir sagen: »Ich nehme Zuflucht zum Sangha«, so bedeutet dies, daß wir unser Vertrauen in die Gemeinschaft von Mitübenden setzen, die in sich gefestigt sind. Ein Lehrer kann wichtig sein, wie auch die Lehren, aber Freunde sind der entscheidendste Faktor der Übung. Es ist schwierig, wenn nicht unmöglich, ohne Sangha zu praktizieren.

Wenn wir tief in uns hineinschauen, um unser wahres Selbst zu entdecken, erkennen wir, daß das, was wir das »Selbst« genannt haben, völlig aus Nicht-Selbst-Elementen besteht. Unser Körper und Geist haben ihre Wurzeln in der Gesellschaft, in der Natur und in denen, die wir lieben. Einige von uns wollen vielleicht nicht über unsere Wurzeln sprechen oder nachdenken, da wir aufgrund der Gewalttätigkeit unserer Familie oder unserer

Kultur so sehr gelitten haben. Wir möchten diese Dinge hinter uns lassen und suchen nach etwas Neuem. Es ist leicht zu verstehen, warum wir so fühlen, aber wenn wir uns üben, tief zu schauen, entdecken wir, daß unsere Vorfahren und unsere Tradition noch immer in uns sind. Wir mögen ärgerlich auf sie sein, aber sie sind immer noch da und drängen uns, zurückzukommen und uns mit ihren Freuden und Leiden zu verbinden. Wir haben keine andere Wahl, als mit den Wurzeln, die in uns sind, in Berührung zu kommen. In dem Moment, da wir uns mit ihnen verbinden, findet eine Verwandlung in uns statt, und unser Schmerz beginnt sich aufzulösen. Wir erkennen, daß sich unsere Vorfahren in uns weiter fortsetzen und daß wir in gleicher Weise der Weg für zukünftige Generationen sind.

Es ist uns nicht möglich, ein Ding einfach wegzuwerfen und einem anderen hinterherzujagen. Ob unsere Tradition nun das Christentum, das Judentum, der Islam oder irgend etwas anderes ist – wir müssen die Lebensweise unserer Vorfahren studieren und die besten Elemente daraus für uns selbst und unsere Kinder finden. Wir müssen in einer Art und Weise leben, die es den Vorfahren in uns erlaubt, befreit zu werden. In dem Augenblick, da wir unseren Vorfahren Freude, Frieden, Freiheit und Harmonie geben können, werden wir gleichzeitig uns selbst, unseren Kindern und ihren Kindern Freude, Frieden, Freiheit und Harmonie geben.

Viele Menschen wurden von ihren Eltern mißbraucht

oder geschlagen, die meisten wurden von ihnen heftig kritisiert oder abgelehnt. Und jetzt haben diese Menschen in ihrem Speicherbewußtsein so viele Samen für Unglücklichsein, daß sie nicht einmal den Namen ihres Vaters oder ihrer Mutter hören wollen. Wenn ich so jemanden treffe, schlage ich ihm immer die »Meditation über das fünf Jahre alte Kind« vor, die eine Achtsamkeitsmassage ist: »Einatmend sehe ich mich selbst als ein fünfjähriges Kind. Ausatmend lächle ich dem fünfjährigen Kind in mir zu.« Während der Meditation versuchst du, dich selbst als fünfjähriges Kind zu sehen. Wenn du tief in dieses Kind hineinschaust, kannst du erkennen, daß du verwundbar bist und leicht gedemütigt werden kannst. Ein strenger Blick oder Anschnauzer kann innere Bildekräfte in deinem Speicherbewußtsein hervorbringen. Wenn deine Eltern sich streiten und sich gegenseitig anschreien, erhält das fünf Jahre alte Kind, das du bist, viele Samen für Leid. Ich habe junge Leute sagen hören: »Das kostbarste Geschenk, das mir meine Eltern geben können, ist ihr eigenes Glück.« Weil dein Vater in seinem Leben unglücklich war, verursachte er dir eine Menge Leiden. Jetzt stellst du dir vor, du wärst ein fünf Jahre altes Kind. Wenn du dieses Kind in dir selbst anlächelst, tust du dies voller Mitgefühl. »Ich war so jung und zart, und ich habe soviel Schmerz empfangen.«

Am nächsten Tag würde ich dir raten, folgendes zu üben: »Einatmend sehe ich meinen Vater als fünfjähriges Kind. Ausatmend lächle ich diesem Kind voller Mitgefühl zu.« Wir sind es nicht gewohnt, unseren Vater als ein fünf Jahre altes Kind zu sehen. Wir stellen uns vor, er sei schon immer ein Erwachsener gewesen – ernst und mit großer Autorität. Wir haben uns nicht die Zeit genommen, unseren Vater auch als einen zarten, jungen Knaben zu sehen, der durch andere leicht verletzt werden kann. So besteht die Übung darin, unseren Vater als einen fünfjährigen Jungen zu visualisieren – zerbrechlich, verwundbar und leicht zu demütigen. Du kannst zur Hilfe in das Familienalbum schauen, um festzustellen, wie dein Vater als Kind ausgesehen hat. Kannst du ihn dir als verwundbar vorstellen, wirst du erkennen, daß er vielleicht das Opfer seines eigenen Vaters gewesen ist. Wenn er zu viele Samen für Leiden von seinem Vater erhalten hat, weiß er natürlich nicht, wie er mit seinem Sohn richtig umzugehen hat. Und so verursacht er dir Leiden, und der Kreislauf des Samsara setzt sich fort. Wenn du nicht Achtsamkeit übst, wirst du deinen Kindern genau dasselbe antun. In dem Augenblick, da du deinen Vater als ein Opfer siehst, wird in deinem Herzen Mitgefühl geboren. Wenn du ihn voller Mitgefühl anlächelst, wirst du anfangen, Achtsamkeit und Einsicht in deinen Schmerz zu bringen. Übst du dich in dieser Weise für mehrere Stunden oder Tage, wird sich dein Ärger ihm gegenüber auflösen. Eines Tages wirst du deinen Vater dann tatsächlich anlächeln, ihn umarmen und sagen: »Ich verstehe dich, Vater. Du hast während deiner Kindheit sehr viel gelitten.«

Durch Meditation entdecken wir den Wert unserer Familie und unserer Wurzeln, einschließlich solcher Werte, die unter Jahren des Leidens verschüttet liegen. Jede Tradition besitzt einige Juwelen – Früchte aus Tausenden von Jahren der Übung. Jetzt sind diese an uns weitergegeben worden, und wir können sie nicht ignorieren oder leugnen. Selbst die Nahrung, die wir zu uns nehmen, trägt die Werte unserer Vorfahren und unserer Kultur in sich. Wie können wir sagen, daß wir überhaupt nichts mit unserer Kultur zu tun haben? Wir können Wege finden, um sowohl unsere eigene Tradition als auch andere zu würdigen. Meditation lehrt uns, wie wir Barrieren, Grenzen und Diskriminierung beiseite räumen können, um so die Nicht-Selbst-Elemente in uns selbst zu erkennen. Durch die Übung können wir die Gefahren der Absonderung beseitigen und eine Welt erschaffen, in der unsere Kinder Frieden finden. Spaltungen zwischen Menschen, Nationen und religiösen Glaubensrichtungen haben über viele Jahrhunderte hinweg viel zu unseren Leiden beigetragen. Wir müssen uns in einer Art und Weise üben, daß diese Spannungen in uns selbst und zwischen den Menschen abgebaut werden, so daß wir uns öffnen und Freude miteinander als Brüder und Schwestern haben können. In welcher Tradition du auch praktizierst, wenn du Einsicht in die Natur des Einsseins erhältst, ist dies wahre Meditation.

Einige Menschen, einige hungrige Geister, sind so entwurzelt worden, daß wir sie wirklich nicht bitten können, zurückzukehren zu ihren eigenen Wurzeln, zumindest jetzt noch nicht. Wir müssen ihnen helfen und ihnen eine Alternative, eine zweite Chance, bieten. Personen wie diese leben am Rand der Gesellschaft und können keine Nahrung aufnehmen, sie sind wie Bäume ohne Wurzeln. Ich habe Menschen getroffen, die sich schon seit zwanzig Jahren in Meditation üben, aber immer noch nicht fähig sind, sich selbst zu wandeln, da sie ganz ohne Wurzeln sind. Die Übung dient dazu, ihnen dabei zu helfen, einige Wurzeln auszubilden und eine Umgebung zu finden, in der sie Wurzeln schlagen können.

In Asien haben wir uns bemüht, Übungsgemeinschaften nach Familienmuster zu bilden. Wir nennen einander »Dharma-Brüder«, »Dharma-Schwestern«, »Dharma-Onkel« oder »Dharma-Tanten«, und wir bezeichnen unseren Lehrer als »Dharma-Vater« oder »Dharma-Mutter«. Die Kinder in Plum Village sagen »Opa-Lehrer« zu mir. Ich nähere mich ihnen immer als ein Großvater und nicht als jemand, der außerhalb der Familie steht. Eine Übungsgemeinschaft sollte diese Art von Wärme, von familiärer Bruder- und Schwesternschaft, die uns stetig nährt, besitzen. Im Umfeld einer spirituellen Familie haben wir eine reale Gelegenheit, eine zweite Chance, verwurzelt zu werden. Die Mitglieder des Sangha sind sich dessen bewußt, daß wir Liebe suchen, und behandeln uns so, daß wir die beste Möglichkeit erhalten, uns in dieser zweiten Familie zu verwurzeln. Sie geben ihr

Bestes, sich um uns zu kümmern, und sind wie eine Schwester oder ein Bruder zu uns. Nach drei oder sechs Monaten, wenn eine echte Verbindung zwischen uns und einem anderen Mitglied des Sangha sichtbar ist und anerkannt wird, entsteht auf unseren Lippen ein Lächeln, und die anderen wissen, daß wir beginnen, Fortschritte zu machen, und daß eine Verwandlung möglich sein wird. Es beginnen sich neue Wurzeln zu bilden.

Zwischenmenschliche Beziehungen sind in dieser Übung der Schlüssel zum Erfolg. Ohne eine intime, tiefe Bindung an zumindest einen Menschen ist Umwandlung unwahrscheinlich. Mit der Unterstützung einer Person hast du Stabilität und Hilfe, und später kannst du eine dritte Person erreichen und schließlich jedem im Sangha Bruder oder Schwester sein. Du zeigst deine Bereitschaft und Fähigkeit, mit jedem im Sangha in Frieden und Harmonie zu leben.

Es ist mein innigster Wunsch, daß die Übungsgemeinschaften im Westen in dieser Art aufgebaut werden – als Familien in einer freundschaftlichen, warmen Atmosphäre, so daß die Menschen ihre Übungen erfolgreich durchführen können. Ein Sangha, in dem jeder eine Insel für sich ist, ohne mit den anderen zu kommunizieren, ist nicht hilfreich. Es ist bloß eine Ansammlung von Bäumen, die keine Wurzeln haben. Umwandlung und Heilung können in einer solchen Atmosphäre nicht erreicht werden. Wenn wir die Möglichkeit haben wollen, Meditation zu lernen und zu üben, müssen wir verwurzelt sein.

Die Kleinfamilie ist eine recht neue Erfindung. Außer Mutter und Vater sind nur ein oder zwei Kinder da. Manchmal gibt es in solchen Familien nicht genug Luft zum Atmen. Wenn Probleme zwischen Vater und Mutter auftreten, bekommt die ganze Familie die Auswirkungen davon zu spüren. Die Atmosphäre im Haus ist gespannt, und es gibt kein Entrinnen. Manchmal mag das Kind ins Badezimmer gehen und die Tür verschließen, nur um allein zu sein – aber dennoch ist kein Entkommen möglich, denn die gespannte Atmosphäre durchdringt auch das Badezimmer. So wächst das Kind mit vielen Samen für Leiden heran und überträgt diese später auf die eigenen Kinder.

In früheren Zeiten lebten Onkel, Tanten, Großeltern, Cousinen und Cousins zusammen. Die Häuser waren von Bäumen umstanden, an die sie Hängematten knüpfen und unter denen sie Picknicks veranstalten konnten, und die Menschen kannten viele von unseren heutigen Problemen nicht. Wenn Mutter und Vater ein Problem hatten, konnten die Kinder immer ausweichen und zu einer Tante oder einem Onkel gehen. Sie besaßen immer noch jemanden, zu dem sie aufblicken konnten, und die Atmosphäre war nicht so bedrohlich. Ich denke, daß Gemeinschaften, die achtsames Leben üben, unsere früheren Großfamilien ersetzen können, denn wenn wir in diese Gemeinschaften gehen, finden wir viele Tanten, Onkel und Cousinen und Cousins vor, die uns helfen können.

Gemeinschaften zu haben, in denen Menschen als Dharma-Brüder und -Schwestern zusammenkommen und in denen Kinder eine Anzahl von Onkel und Tanten haben, ist eine ganz wundervolle Sache. Wir müssen lernen, eine solche Familie zu schaffen. Wir müssen die anderen Mitglieder der Gemeinschaft als unsere Brüder und Schwestern ansehen. Dies ist bereits eine Tradition im Osten, und es kann im Westen erlernt werden. Wir können aus beiden Kulturen das Beste schöpfen.

Hier im Westen habe ich viele alleinstehende Mütter oder Väter gesehen. Auch ein alleinstehender Elternteil kann einen Nutzen aus einer Übungsgemeinschaft ziehen. Er oder sie mag denken, es sei nötig, erneut zu heiraten, um stabiler zu sein, aber ich stimme dem nicht zu. Vielleicht hast du jetzt mehr Stabilität in dir selbst, als zu der Zeit, da du mit einem Partner zusammenwarst. Eine andere Person, die in dein Leben tritt, kann deine jetzt vorhandene Ausgeglichenheit zunichte machen. Es ist äußerst wichtig, daß du Zuflucht zu dir selbst nimmst und die Stabilität erkennst, die du bereits besitzt, denn so wirst du nur noch stabiler und zu einer Zuflucht für deine Kinder und Freunde. So mußt du dich selbst zunächst zu jemandem machen, der Stabilität besitzt, und die Idee aufgeben, du könntest nicht du selbst sein, wenn du nicht jemanden an deiner Seite hättest. Du selbst bist ausreichend. Wenn du dich selbst in eine behagliche Einsiedelei verwandelst – mit Luft, Licht und einer Ordnung darin –, wirst du beginnen, Friede, Freude und Glück zu empfinden, und du wirst zu jemandem werden, auf den sich andere verlassen können. Deine Kinder und deine Dharma-Brüder und -Schwestern können sich alle auf dich stützen.

So kehre als erstes zu deiner Einsiedelei zurück, und ordne die Dinge von innen her. Du kannst von dem Sonnenschein, den Bäumen und der Erde profitieren. Du kannst deine Fenster diesen heilsamen, stabilen Elementen öffnen, und du wirst eins mit deiner Umgebung. Wenn unausgeglichene Elemente in deine Klause einzudringen versuchen, schließe die Fenster, und lasse sie nicht herein. Wenn Donner, Sturm oder große Hitze sich Zugang verschaffen wollen, hindere sie daran einzutreten. Sich selbst eine Zuflucht zu sein ist eine grundlegende Übung. Verlasse dich nicht auf jemanden, den du nicht gut kennst oder der möglicherweise instabil ist. Besinne dich auf dich selbst, und nimm Zuflucht zu deiner eigenen Einsiedelei.

Wenn du eine Mutter bist und dein Kind allein aufziehst, mußt du lernen, wie man dies tut. Du mußt auch ein Vater sein; andernfalls wirst du fortwährend auf jemanden angewiesen bleiben, der für dein Kind die Rolle eines Vaters übernimmt, und dann wirst du deine Souveränität, deine Einsiedelei, verlieren. Wenn du sagen kannst: »Ich bin imstande zu lernen, wie ich meinem Kind sowohl Vater als auch Mutter sein kann. Ich allein kann es mit der Unterstützung meiner Freunde und meiner Gemeinschaft schaffen«, ist dies ein gutes Zeichen.

Die Liebe eines Vaters ist anders als die einer Mutter. Die mütterliche Liebe ist in einer Weise bedingungslos. Du bist das Kind deiner Mutter, das ist es, warum du von ihr geliebt wirst. Es gibt keinen anderen Grund. Eine Mutter versucht, mit ihrem Körper und ihrem Geist diesen sehr zarten, verwundbaren Teil von sich selbst zu beschützen. Sie neigt dazu, ihr Kind als eine Erweiterung ihrer selbst, ja als sich selbst anzusehen. Dies ist gut, mag aber in der Zukunft Probleme aufwerfen. Sie muß Schritt für Schritt lernen, daß ihr Sohn oder ihre Tochter eine eigenständige Persönlichkeit ist.

Die väterliche Liebe ist etwas anders geartet. Der Vater scheint zu sagen: »Wenn du dies tust, bekommst du meine Liebe. Tust du es nicht, dann bekommst du sie nicht.« Es ist eine Art von Handel, die ich auch in mir selbst habe. Ich kann meine Studenten disziplinieren, und ich kann sie auch wie eine Mutter lieben. Ich weiß, es ist nicht einfach für eine Mutter, ein Vater zu sein, aber wenn du einen guten Sangha und gute Beziehungen zu seinen Mitgliedern hast, können sie für dein Kind ein Onkel oder eine Tante sein. In einer Übungsgemeinschaft kann eine alleinerziehende Mutter selbständig sein. Sie ist fähig, die Rolle sowohl der Mutter als auch des Vaters zu übernehmen, und sie kann auch von der Hilfe einiger der anderen Erwachsenen profitieren.

Alleinerziehende Mütter oder Väter sind im Westen weit verbreitet. Wir brauchen Klausuren und Seminare, um die besten Mittel und Wege für die Erziehung unserer Kinder zu diskutieren. Wir akzeptieren nicht die althergebrachten Formen von Erziehung, haben aber andererseits moderne Erziehungsformen noch nicht voll entwickelt. Wir müssen aus unseren eigenen Erfahrungen und Übungen lernen und eine andere Dimension in das Leben der Kleinfamilie bringen. Wird das Leben der Kleinfamilie mit dem der Übungsgemeinschaft, dem Sangha, verbunden, kann dies großen Erfolg haben. Du kannst dein Kind sehr oft in das Übungszentrum bringen, und euch beiden – dir und deinem Kind – wird die Atmosphäre dort zugute kommen. Das Übungszentrum wird ebenfalls von eurer Gegenwart profitieren. Kinder sind wie Juwelen, die die Übung unterstützen können. Sind die Kinder glücklich, werden sich alle Eltern und Nichteltern an der Praxis erfreuen.

Es ist eine Freude, sich inmitten eines Sangha zu befinden, in dem die Leute gut miteinander praktizieren. Die Art, wie jeder geht, ißt und lächelt, kann uns eine echte Hilfe sein. Sie geht für mich, ich lächle für sie, und wir tun es zusammen als ein Sangha. Wenn wir auf diese Weise gemeinsam üben, können wir eine wirkliche Wandlung in uns erwarten. Wir brauchen nicht intensiv zu üben oder uns selbst zu zwingen. Es genügt, wenn es uns ermöglicht ist, in einem guten Sangha zu sein, in dem die Menschen glücklich sind und jeden Moment tief leben – so wird die Wandlung wie von selbst kommen, ohne viel Anstrengung.

Ich denke, den Sangha aufzubauen ist die wichtigste Kunst, die wir zu erlernen haben. Selbst wenn wir ein geübter Meditationsmeister und bewandert in den Sutras sind, so können wir anderen dennoch nicht helfen, sofern wir nicht wissen, wie ein Sangha aufzubauen ist. Wir müssen einen Sangha einrichten, der glücklich ist und in dem es einen offenen Austausch gibt. Wir müssen uns um einen jeden kümmern, uns seiner Schmerzen, ihrer Schwierigkeiten, seinen Wünschen, ihrer Ängste und Hoffnungen bewußt bleiben, um ihm oder ihr Behaglichkeit und Glück zu verschaffen. Dies erfordert Zeit, Kraft und Konzentration.

Jeder von uns benötigt einen Sangha. Wenn wir jetzt noch keinen guten Sangha haben, sollten wir unsere Zeit und Energie darauf verwenden, einen solchen aufzubauen. Ob du ein Psychotherapeut, ein Arzt, ein Sozialarbeiter bist oder dich für Frieden und Umwelt einsetzt – du brauchst einen Sangha. Ohne Sangha wirst du nicht genügend Unterstützung finden und dich sehr schnell verausgaben. Als Psychotherapeut kannst du beispielsweise jene unter deinen Patienten, die ihre Probleme überwunden haben und dich als einen Freund, einen Bruder oder eine Schwester betrachten, auswählen, um eine Gruppe zu bilden, in der ihr als ein Sangha übt und miteinander in familiärer Atmosphäre in Frieden und Freude praktiziert. Du brauchst bei der Übung Brüder und Schwestern, um genährt und unterstützt zu werden. Ein Sangha kann dir in schwierigen Momenten helfen.

Deine Fähigkeit, anderen zu helfen, zeigt sich an den anderen in deiner Umgebung.

Ich habe Psychotherapeuten getroffen, die mit ihren Familien nicht glücklich waren, und ich bezweifle sehr stark, daß diese Therapeuten uns helfen können, wenn wir sie brauchen. Ich machte ihnen den Vorschlag, einen Sangha zu bilden. Unter den Mitgliedern dieses Sangha sind Leute, denen er Nutzen brachte und die von ihrer Krankheit genesen sind und mit dem Therapeuten Freundschaft geschlossen haben. Der Sangha dient dazu, sich zu treffen und gemeinsam zu üben – zu atmen und in Bewußtheit, Frieden, Freude und liebender Güte zu leben. Dies würde eine Quelle der Unterstützung und der Erleichterung für den Therapeuten darstellen. Nicht nur Therapeuten und Meditierende haben die Kunst des Aufbaus eines Sangha zu lernen, sondern jeder einzelne von uns ebenfalls. Ich bezweifle, daß du es ohne Sangha sehr weit bringen kannst. Ich werde von meinem Sangha genährt. Jeder Fortschritt, der im Sangha beobachtet werden kann, stützt mich und gibt mir mehr Kraft.

Um einen Sangha aufzubauen, beginne damit, einen Freund zu finden, der sich dir in der Sitz- oder Gehmeditation anschließt, der mit dir zusammen die Regeln rezitiert, mit dem du zusammen eine Teemeditation durchführst oder diskutierst. Schließlich werden andere bitten, sich euch anschließen zu dürfen, und deine kleine Gruppe kann sich wöchentlich oder monatlich bei jemandem zu Hause treffen. Einige Sanghas werden vielleicht sogar ein Grundstück finden und aufs Land ziehen, um ein Klausurzentrum zu gründen. Natürlich wird dein Sangha auch die Bäume, die Vögel, das Meditationskissen, die Glocke und selbst die Luft, die du atmest, mit einschließen – all die Dinge, die dich in deiner Übung unterstützen. Es ist eine seltene Gelegenheit, mit Leuten zusammenzusein, die intensiv miteinander üben. Der Sangha ist ein Juwel.

Das Grundprinzip besteht darin, so vorzugehen, daß jeder die größte Freude dabei hat. Du wirst niemals einen perfekten Sangha finden. Ein unvollkommener Sangha ist gut genug. Anstatt dich zu sehr über deinen Sangha zu beklagen, gib dein Bestes, um selbst ein gutes Mitglied des Sangha zu werden. Nimm den Sangha an, wie er ist, und baue auf ihn. Wenn du und deine Familie sich darin üben, achtsam zu handeln, seid ihr ein Sangha. Befindet sich in der Nähe deines Heims ein Park, kannst du deine Kinder zur Gehmeditation mitnehmen, und der Park ist ein Teil deines Sangha.

Ein Sangha ist auch eine Gemeinschaft des Widerstandes gegen Geschwindigkeit, Gewalt und unheilsame Lebensformen, die unsere Gesellschaft beherrschen. Achtsamkeit ist ein Schutz für uns selbst und andere. Ein guter Sangha kann uns in Richtung Harmonie und Bewußtheit führen.

Der Gehalt der Übung ist das Wichtigste. Die Form kann verändert werden. Während einer Klausur in Plum Village fragte mich ein katholischer Priester: »Thây, ich erkenne den Wert der Achtsamkeitsübung. Ich habe die Freude, den Frieden und das Glück gekostet, die in ihr liegen. Der Glockenklang, die Teemeditationen, die Mahlzeiten, bei denen geschwiegen wird, und das Gehen machen mir Freude. Meine Frage ist: Wie kann ich mit der Übung fortfahren, wenn ich in meine Kirche zurückkehre?«

Ich fragte ihn: »Gibt es eine Glocke in deiner Kirche?«
Er sagte: »Ja.«
»Läutest du die Glocke?«
»Ja.«
»Dann läute bitte die Glocke so, wie wir hier die Glocke läuten. Nehmt ihr in eurer Kirche zusammen ein Mahl ein?«
»Ja.«
»Dann macht es so, wie wir es hier tun – in Achtsamkeit. Es gibt dabei überhaupt kein Problem.«

Wenn du zu deiner eigenen Tradition zurückkehrst, wenn du zu deinem Sangha heimkehrst oder einen neuen Sangha begründest, dann kannst du alles, was du tust, in Achtsamkeit durchführen. Es ist nicht nötig, deine Tradition oder deine Familie aufzugeben. Behalte alles bei, und führe Achtsamkeit, Friede und Freude ein. Deine Freunde werden den Wert der Praxis durch dich erkennen – nicht durch das, was du sagst, sondern durch dein ganzes Wesen.

10

DIE ENDGÜLTIGE REALITÄT ERKENNEN

Wir beginnen mit der Übung der Meditation, weil wir Erlösung von unseren Leiden suchen – und Meditation kann uns lehren, wie wir unsere Leiden transformieren und grundlegende Erleichterung erlangen können. Die höchste Form der Befreiung ist aber die Verwirklichung des *Nirwana*. Das Leben hat zwei Dimensionen, und wir sollten beide berühren können. Die eine ist wie eine Welle, und wir nennen sie »historische Dimension«. Die andere ist wie das Wasser, und diese bezeichnen wir als »endgültige Dimension« oder Nirwana. Gewöhnlicherweise berühren wir nur die Welle. Finden wir jedoch heraus, wie man das Wasser berührt, erlangen wir die höchste Frucht, die die Meditation bieten kann.

In der historischen Dimension besitzen wir Geburts- und Sterbeurkunden. An dem Tag, da deine Mutter stirbt, leidest du. Wenn jemand nahe bei dir sitzt und dir seine Anteilnahme übermittelt, fühlst du dich ein wenig besser. Du hast seine Freundschaft, seine Unterstützung und seine warme Hand, die du halten kannst. Dies ist die

Welt der Wellen. Sie ist durch Geburt und Tod, Höhen und Tiefen, Sein und Nichtsein gekennzeichnet. Eine Welle besitzt einen Anfang und ein Ende, aber diese charakteristischen Merkmale können wir dem Wasser nicht zusprechen. In der Welt des Wassers gibt es weder Geburt noch Tod, weder Sein noch Nichtsein, keinen Anfang und kein Ende. Wenn wir das Wasser berühren, werden wir von all diesen Konzepten befreit und berühren die Wirklichkeit in ihrer endgültigen Dimension.

Der Philosoph Nagarjuna, der im zweiten Jahrhundert nach Christi lebte, fragte: »Existierte etwas, bevor es geboren wird, oder nicht?« Existiert das Ei, bevor es vom Huhn gelegt wird, oder nicht? Wenn es schon existierte, wie hätte es dann geboren werden können? Und da ein Baby auch schon im Mutterleib vorhanden ist, wie können wir dann sagen, daß es noch nicht geboren wäre? Nagarjuna sagte damit, daß etwas, das bereits existiert, nicht geboren werden kann. Geboren zu werden heißt, daß du aus nichts zu etwas wirst; aus niemand wirst du jemand. Aber nichts kann aus dem Nichts geboren werden. Eine Blume wird aus Erde geboren, aus Mineralien, Samen, Sonnenschein, Regen und vielen anderen Dingen. Meditation offenbart uns die Nicht-Geburt aller Dinge. Leben ist etwas, das sich fortsetzt. Selbst der Todestag unserer Mutter ist ein Tag der Fortsetzung, denn sie setzt sich in vielerlei Formen fort.

Eine Freundin von mir kümmert sich um ihre dreiundneunzigjährige Mutter. Die Ärzte sagten, sie könne jeden

Tag sterben. Über ein Jahr lang hat meine Freundin ihre Mutter sehr hilfreiche Meditationsübungen gelehrt. Sie begann damit, die Samen des Glücks in ihrer Mutter zu hegen, und jetzt wird ihre Mutter immer sehr munter, wenn meine Freundin sie besuchen kommt. Kürzlich sagte sie ihrer Mutter: »Dieser Körper entspricht nicht genau dem deinigen. Dein Körper ist viel größer. Du hast neun Kinder, Dutzende von Enkeln und auch Großenkel. Wir sind alle Fortsetzungen von dir, und wir sind sehr glücklich und gesund. Du bist in uns ganz lebendig.« Ihre Mutter konnte dies erkennen und lächelte. Meine Freundin fuhr fort: »Als du jung warst, konntest du vielen Menschen beibringen, wie man kocht und andere Dinge bewerkstelligt. Du hast Menschen glücklich gemacht. Jetzt tun wir das gleiche; wir fahren mit der Arbeit fort, die du begonnen hast. Als du jung warst, hast du Gedichte geschrieben und gesungen, und viele von uns verfassen jetzt auch Gedichte und singen schön. Du setzt dich in uns fort. Du bist viele Wesen gleichzeitig.« Dies ist eine Meditation über Nicht-Selbst. Es hilft ihrer Mutter zu erkennen, daß ihr Körper nur ein kleiner Teil ihres wahren Selbst ist. Sie versteht, daß sie in vielen Formen weiterbestehen wird, wenn der Körper von ihr scheidet.

Wer kann sagen, deine Mutter wäre gestorben? Du kannst sie nicht als jemanden beschreiben, der ist oder nicht ist, der lebendig oder tot ist, denn diese Vorstellungen gehören der historischen Dimension an. Wenn du deine Mutter in der endgültigen Dimension berührst, erkennst du, daß sie immer noch bei dir ist. Dasselbe gilt für eine Blume. Eine Blume mag behaupten, geboren worden zu sein, aber sie war schon immer in anderen Formen vorhanden. Später mag sie vorgeben zu sterben, aber wir sollten uns nicht an der Nase herumführen lassen. Sie spielt bloß ein Versteckspiel. Erst zeigt sie sich uns, und dann versteckt sie sich. Wenn wir aufmerksam sind, können wir sie berühren, wann immer wir es wollen. Deine Mutter spielt auch ein Spiel. Sie gibt vor, als deine Mutter geboren worden zu sein, und spielt die Rolle einer Mutter sehr gut, und dann gibt sie vor, nicht da zu sein, um dir zu helfen, erwachsen zu werden.

Eines Tages, als ich fast auf ein trockenes Blatt getreten wäre, sah ich das Blatt in seiner endgültigen Dimension. Ich erkannte, daß es nicht wirklich tot, sondern dabei war, sich mit der feuchten Erde zu verbinden und sich darauf vorzubereiten, im folgenden Frühling in einer anderen Gestalt am Baum zu erscheinen. Ich lächelte dem Blatt zu und sagte: »Du täuschst uns.«

Im *Lotos Sutra* erzählt uns der Buddha von einem Arzt, der viele Kinder hatte. Einmal, als er nicht zu Hause war, aßen seine Kinder etwas Verdorbenes und bekamen eine Lebensmittelvergiftung. Als der Arzt nach Hause zurückkehrte, fand er sie alle krank vor und gab ihnen sofort die entsprechende Medizin. Einige seiner Kinder nahmen sie auch wirklich ein und wurden wieder gesund; die anderen aber taten dies nicht, denn sie verließen sich allein auf die Gegenwart ihres Vaters. Um seine Kinder dazu zu bewegen, ihre Medizin einzunehmen, mußte sich der Arzt schließlich verstecken und so tun, als wäre er gestorben. Vielleicht spielt auch deine Mutter ein solches Spiel mit dir, nur um dich zu ermutigen, Friede und Glück zu üben.

Alles gibt vor, geboren zu sein und zu sterben – einschließlich des Blattes, auf das ich beinahe getreten wäre. Der Buddha sagte: »Wenn die Bedingungen es erlauben, offenbart der Körper sich selbst, und wir sprechen davon, daß der Körper existiert. Sind die entsprechenden Bedingungen nicht gegeben, kann der Körper nicht von uns gesehen werden, und wir sprechen davon, daß der Körper nicht existent sei.« Der Tag unseres sogenannten Todes ist ein Tag unseres Weiterbestehens in vielen anderen Formen. Wenn du weißt, wie du deine Mutter in der endgültigen Dimension berühren kannst, wird sie immer bei dir sein. Wenn du deine Hand, dein Gesicht, dein Haar berührst und sehr tief in dich hineinschaust, kannst du erkennen, daß sie in dir ist, lächelnd. Dies ist eine tiefgründige Übung und gleichzeitig auch die höchste Form von Erleichterung.

Nirwana bedeutet Auslöschung – das Auslöschen von allen Vorstellungen und Konzepten, einschließlich des Konzepts von Geburt, Tod, Sein, Nicht-Sein, Kommen und Gehen. Nirwana ist die endgültige Dimension des Lebens, ein Zustand von Gelassenheit, von Frieden und Freude. Es ist kein Zustand, den du nach deinem Tod erlangst. Du kannst Nirwana jetzt gleich beim bewußten

Atmen, Gehen und Teetrinken berühren. Du bist schon seit dem ersten Nicht-Beginn »nirwanisiert«. Alles und jeder verweilt im Nirwana.

Nikos Kazantzakis erzählt uns die Geschichte vom heiligen Franz von Assisi, der mitten im Winter vor einem Mandelbaum stand und ihn bat, von Gott zu sprechen. Daraufhin fing der Baum plötzlich zu blühen an. In nur wenigen Sekunden war der Mandelbaum von schönen Blüten übersät. Als ich diese Erzählung las, war ich tief beeindruckt. Ich sah, daß der heilige Franz auf der Seite der endgültigen Dimension stand. Es war Winter, es waren keine Blätter da, keine Blüten oder Früchte, aber er sah die Blüten.

Wir meinen vielleicht, wir seien nicht imstande, die endgültige Dimension zu berühren, aber dies ist nicht richtig. Wir haben sie bereits berührt. Das Problem liegt darin, wie wir dies noch tiefer und öfter tun können. Das Schlagwort »globales Denken« bewegt sich zum Beispiel in Richtung des Berührens der endgültigen Dimension. Wenn wir die Dinge im weltumfassenden Kontext sehen, sind wir weiser und fühlen uns wesentlich besser. Wir werden nicht von kleinlichen Situationen gefangengenommen. Sehen wir die Dinge weltumfassend, vermeiden wir viele Fehler und gewinnen eine tiefere Einsicht in das Glück und ins Leben.

Es gibt Momente, da wir über jemand verärgert sind und denken, daß unsere Würde verlorenginge, wenn wir ihm nicht entgegentreten würden. Vielleicht hat diese

Person unsere Autorität herausgefordert, und wir sind frustriert, darauf nicht in der richtigen Weise reagiert zu haben. Wir mögen unglücklich zu Bett gehen und nur mit Mühe einen guten Schlaf finden, aber am nächsten Tag fühlen wir uns schon wieder ganz anders. Wir sind lustig, lächeln und sehen die Situation in einem anderen Licht. Das Geschehene vom Vortag ist plötzlich nicht mehr wichtig. Nur eine Nacht trennt uns von dem Geschehenen, und schon liegen die Dinge ganz anders. Dies ist, bezogen auf den Zeitfaktor, mit »global denken« gemeint.

Wenn wir in der historischen Dimension verweilen, werden wir von vielen Wellen hin und her geworfen. Vielleicht haben wir Schwierigkeiten bei der Arbeit. Oder wir müssen im Supermarkt zu lange in der Schlange warten. Oder die telefonische Verbindung mit unserem Freund ist schlecht. Wir fühlen uns müde, ein wenig niedergeschlagen, oder wir sind verärgert. Dies geschieht, weil wir uns in der gegenwärtigen Situation gefangen fühlen. Wenn wir aber die Augen schließen und uns die Welt vorstellen, wie sie in einhundert Jahren beschaffen sein mag, werden wir erkennen, daß diese Probleme unbedeutend sind. Betrachten wir einfach nur die Spanne von einhundert Jahren, sehen wir die Dinge schon ganz anders. Stelle dir vor, was für eine große Veränderung vor sich gehen würde, wenn man die endgültige Dimension berührte!

Wir sind voll und ganz dazu fähig, die endgültige

Dimension zu berühren. Während ich diese Zeilen schreibe, bin ich mir dessen bewußt, daß sich meine Füße auf dem Boden von Plum Village befinden, daß sie auf französischem Boden stehen. Ich bin mir ebenso bewußt, daß Frankreich mit Deutschland, Spanien, der Slowakei und Rußland verbunden ist und sogar auch mit Indien, China und Vietnam. Weltumfassend betrachtet, sehe ich mich nicht nur auf einem Fleck stehen, denn wenn ich Plum Village berühre, berühre ich das gesamte Europa und ganz Asien. China ist lediglich eine Ausdehnung des kleinen Fleckchens Erde unter meinen Füßen. Stehe ich auch nur auf einem Teil des eurasischen Kontinents, stehe ich doch auf dem gesamten Kontinent.

Diese Form von Bewußtheit verwandelt den Flecken Erde, auf dem du stehst, in etwas, das die gesamte Erde mit einschließt. Wenn du Gehmeditation übst und erkennst, daß du auf dem schönen Planeten Erde schreitest, wirst du dich selbst und deine Schritte in einem ganz anderen Licht sehen und von den engen Sichtweisen und Begrenzungen befreit werden. Bei jedem Schritt wirst du sehen, daß du die ganze Erde berührst. Wenn du mit dieser Bewußtheit Berührung übst, befreist du dich selbst von vielen Kümmernissen und falschen Ansichten.

Berührst du einen Gegenstand mit tiefer Bewußtheit, dann berührst du alles. Dasselbe gilt auch im Hinblick auf Zeit. Wenn du einen Moment mit tiefer Bewußtheit berührst, berührst du alle Momente. Wenn du einen Moment intensiv lebst, so das *Avatamsaka Sutra*, enthält dieser Moment auch alles Vergangene und Zukünftige in sich. »Der eine enthält alle anderen.« Den gegenwärtigen Moment zu berühren bedeutet nicht, Vergangenheit und Zukunft abzulegen. Wenn du den jetzigen Moment berührst, erkennst du, daß die Gegenwart aus der Vergangenheit hervorgeht und die Zukunft schafft. Den gegenwärtigen Augenblick berührend, berührst du zugleich Vergangenheit und Zukunft. Du berührst in weltumfassender Weise die Unendlichkeit der Zeit, die endgültige Dimension der Realität. Wenn du eine Tasse Tee sehr aufmerksam trinkst, berührst du den gegenwärtigen Moment wie alle Zeiten überhaupt. Es ist das, was der heilige Franz tat, als er den Mandelbaum so tief berührte, daß er ihn sogar mitten im Winter blühen sah. Er ging über die Zeit hinaus.

Meditation bedeutet, jeden Moment des Lebens tief zu leben. Durch Meditation erkennen wir, daß Wellen nur aus Wasser bestehen, daß die historische und endgültige Dimension eins sind. Selbst während wir in der Welt der Wellen leben, berühren wir das Wasser und wissen, daß eine Welle nichts als Wasser ist. Wir leiden, wenn wir nur die Wellen berühren. Lernen wir jedoch, in Berührung mit dem Wasser zu bleiben, fühlen wir eine große Erleichterung. Nirwana zu berühren befreit uns von vielen Sorgen. Dinge, die uns früher aufgeregt haben, sind einen Tag später schon nicht mehr so wichtig – stelle dir vor, was geschieht, wenn wir die unendliche Zeit und den unendlichen Raum berühren können.

Wir üben uns, weil wir in der historischen Dimension Erleichterung suchen. Wir beruhigen unseren Körper und Geist und finden unsere Stille, unsere Frische und Stabilität. Wir üben liebende Güte, Konzentration und verwandeln unseren Ärger, so daß wir uns etwas erleichtert fühlen. Wenn wir aber die endgültige Dimension der Wirklichkeit berühren, finden wir die vollständigste Erleichterung. Jeder von uns kann Nirwana berühren und von Geburt und Tod, einem und vielem, Kommen und Gehen frei werden.

Als ich letzten Herbst in England war, hatte ich einen Traum, der mir bedeutsam erschien. Mein Bruder An und ich befanden uns auf einem offenen Marktplatz. Wir wurden von einem Mann dazu aufgefordert, zu einem Stand an der Ecke zu kommen. Als wir dort anlangten, erkannte ich sofort, daß jeder Artikel, der dort zur Schau gestellt war, ein Ereignis darstellte, das ich zusammen mit meinem Bruder und Nahestehenden erlebt hatte. Fast alle Gegenstände beziehungsweise Erfahrungen waren leidvoll gewesen – Armut, Brände, Überschwemmungen, Stürme, Hunger, Rassendiskriminierung, Ignoranz, Haß, Furcht, Verzweiflung, politische Unterdrückung, Ungerechtigkeit, Krieg, Tod und Elend. Als ich jeden einzelnen Gegenstand berührte, entstand sowohl ein Gefühl von Kummer als auch von Mitleid.

Dann gingen wir zur Mitte des Standes und befanden uns neben einem langen Tisch, auf dem viele Schulhefte aus der Grundschule ausgebreitet waren. Am linken Ende des Tisches erkannte ich ein Heft als mein eigenes und ein anderes als das meines Bruders. Ich näherte mich meinem Heft, schaute seine Seiten durch und fand dort viele glückliche und bedeutsame Erlebnisse niedergelegt, die ich während meiner Kindheit gehabt hatte, aber auch viele leidvolle Erfahrungen. Dann blätterte ich in dem Schulheft meines Bruders und erkannte unsere gemeinsamen Erlebnisse, die wir als kleine Jungen gehabt hatten. Ich habe meine Kindheitserinnerungen aufgeschrieben, aber keines von den in diesen Heften enthaltenen Ereignissen hatte ich dabei erfaßt. Vielleicht handelte es sich um Erlebnisse, die ich nur geträumt und beim Erwachen wieder vergessen hatte. Möglicherweise waren es Erfahrungen aus früheren Leben. Ich war mir darüber nicht sicher, aber mir war klar, daß diese Erfahrungen tatsächlich meine eigenen waren. Mir kam die Idee, diese Unterlagen mit nach Hause zu nehmen, so daß ich sie in meine Lebenserinnerungen mit aufnehmen konnte. Diese Idee gefiel mir sehr, denn ich wollte nicht wieder alles vergessen.

Im selben Moment, da ich diesen Gedanken hatte, hörte ich den Mann, der uns gebeten hatte, den Stand zu betrachten, einen fürchterlichen Satz aussprechen. Zu meiner Rechten stehend, sagte er: »Du mußt all das noch einmal durchleben!« So, wie er es sagte, klang es wie ein Urteilsspruch oder eine Verdammung, und seine Stimme vermittelte den Eindruck, daß er die Macht besäße, darüber zu entscheiden. Es klang, als wäre er Gott oder das

Schicksal. Ich war schockiert! Mußte ich wirklich durch all diese Leiden noch einmal hindurchgehen – durch all die Brände, Überschwemmungen, Stürme, Hungersnöte, Rassendiskriminierungen, Ignoranz, durch all den Haß, die Verzweiflung, die Furcht, den Kummer, durch politische Unterdrückung, Elend, Krieg und Tod? Ich hatte das Gefühl, daß ich zusammen mit meinem Bruder und all meinen Gefährten der Vergangenheit diese Dinge schon in unzähligen Existenzen durchlebt hatte. Wir mußten durch so viele dunkle Tunnel, und jetzt waren wir schließlich an einen Ort gelangt, an dem es Raum und Freiheit gab. Mußten wir wirklich durch diese Erlebnisse noch einmal hindurch?

Ich fühlte einen gewissen Abscheu und sagte zu mir selbst: »O nein!« Aber in weniger als einer Sekunde veränderte sich meine Reaktion darauf. Ich wies mit zwei Fingern meiner rechten Hand auf das Gesicht des Mannes und sagte mit aller Macht und Entschlossenheit zu ihm: »Du kannst mir keine angst machen. Selbst wenn ich durch all dieses noch einmal hindurch muß, so werde ich es tun! Nicht nur einmal, sondern, wenn es sein muß, noch Tausende Male. Und wir alle werden es gemeinsam tun!«

An dieser Stelle wachte ich auf, konnte mich aber an den Inhalt des Traums nicht erinnern. Ich wußte nur, daß ich einen machtvollen und wichtigen Traum gehabt hatte. So blieb ich im Bett, übte achtsames Atmen, und langsam kamen die Einzelheiten des Traumes wieder zurück. Mir wurde klar, daß der Mann etwas verkörperte, das ich herauszufinden hatte, und mein erster Gedanke war, daß ich sehr bald sterben würde, um erneut die Reise anzutreten, die mir bestimmt war. Ich fühlte mich ruhig. Sterben zu müssen war zu jener Zeit kein Problem für mich. Ich hatte keine Angst. Ich sagte mir, das einzige, was mir noch zu tun bliebe, wäre, Schwester True Emptiness – eine meiner engsten Gefährtinnen während der letzten dreißig Jahre – davon zu erzählen, damit sie und die anderen vorbereitet wären. Allerdings konnte ich sogleich erkennen, daß es nicht stimmte, daß ich zu jener Zeit zu sterben hatte. Der Traum mußte eine tiefere Bedeutung haben.

Noch tiefer blickend, entdeckte ich, daß der Mann den Samen der Angst beziehungsweise der Trägheit in mir darstellte – die Entsprechung dessen, was der Buddha als Mara bezeichnete, und dieser Mara kam aus der Tiefe meiner Seele, aus meinem Speicherbewußtsein. Als erstes reagierte ich auf ihn aus meiner historischen Dimension heraus, der Dimension der Welle. Aber meine zweite Reaktion kam aus der endgültigen Dimension, der des Wassers. Als ich die Welt der Nicht-Geburt und des Nicht-Todes berührte, hatte ich keine Angst mehr, und ich drückte dies dadurch aus, daß ich mit zwei Fingern auf das Gesicht des Mannes wies. Ich sah, daß die Kraft, die mir half, diesen Mann herauszufordern, in der Stärke des Vertrauens bestand, das aus Einsicht und Freiheit geboren wird. Ich habe dem Mann geradeheraus gesagt, daß ich aufgrund von Einsicht und Freiheit die Kraft und den Mut besäße, durch jede Mühsal unendlich oft hindurchzugehen.

Ich schaute auf die Uhr. Es war halb vier Uhr früh. Ich dachte an die Kinder in Vietnam, Kambodscha, Somalia, Jugoslawien und Südamerika, und ich empfand eine starke Verbundenheit mit ihnen allen. Ich fühlte mich bereit, immer wieder mit ihnen durch diese Schwierigkeiten hindurchzugehen. Und dann sah ich euch, meine lieben Freunde, die ihr den Weg zur Befreiung praktiziert. Ich erkannte, daß auch ihr bereit seid, euch uns anzuschließen, so daß wir gemeinsam unsere kollektive Weisheit und Freiheit den Kindern der Welt bringen und ihnen dabei helfen können, diese Schwierigkeiten zu ertragen.

Als wir letztes Jahr in Plum Village das *Lotos Sutra* studierten, diskutierten wir die endgültige und die historische Dimension, und dann fügten wir noch die Dimension der Handlung hinzu, die von den Bodhisattvas, die engagierten Buddhismus praktizieren, repräsentiert wird. Nach ihrer Berührung mit der endgültigen Dimension kehren diese Bodhisattvas zu der historischen Dimension zurück, um mit all ihren Kräften dabei zu helfen, die Leiden umzuwandeln und Erleichterung zu bringen. Sie leben das Leben einer Welle, aber genauso leben sie das Leben des Wassers und so schenken sie uns Nicht-Angst.

Ihr, meine Brüder und Schwestern, meine Weggefährten, ihr seid diese Bodhisattvas, und ihr reitet auf den

Wellen von Geburt und Tod, ohne darin zu versinken. Wir sind durch unendliche Leiden gegangen, durch einen endlosen Tunnel von Kummer und Dunkelheit. Aber wir haben uns geübt, und durch die Praxis haben wir ein gewisses Maß an Einsicht und Freiheit erlangt. Jetzt ist für uns die Zeit gekommen, uns mit den Kindern zu verbinden – mit allen Kindern, ganz gleich welcher Hautfarbe – und unsere Stärke einzubringen, um die vor uns liegenden Herausforderungen zu bewältigen. Ich bin sicher, daß wir es diesmal besser machen werden.

Zentrum von Thich Nhat Hanh
Plum Village
Sister Phuong – True Emptiness
Meyrac, Loubès Bernac
F-47120 Duras   Tel. 00 33/53 94 75 40
                                Fax 00 33/53 94 75 90

**Informationen über Thich Nhat Hanhs Aktivitäten
in Deutschland und Österreich**
Gemeinschaft für achtsames Leben e.V.
Karl Schmied
Attenbergstr. 20 · Postfach 60
83730 Fischbachau   Tel. 0 80 25/60 65
                               Fax 0 80 25/71 59

**Informationen über Thich Nhat Hanhs Aktivitäten
in der Schweiz**
Meditationszentrum Haus Tao
Beatrice und Marcel Geisser
CH-9427 Wolfhalden   Tel. 0 71/44 41 83
                               Tel./Fax 0 71/44 35 39

Weitere Zentren und Meditationsgruppen, die in der Tradition von Thich Nhat Hanh praktizieren

Bodensee-Sangha
Claudia Wieland
Überlinger Str. 23
88682 Salem-Tüfingen   Tel. 0 73 53/5 96

Waldhaus am Laacher See
Dr. Paul Köppler
56645 Nickenich   Tel. 0 26 36/33 44

Zenklausen in der Eifel
Judith Bossert
Huffertsheck 1
54619 Lautzerath   Tel. 0 65 59/4 67

THICH NHAT HANH

Ich pflanze ein Lächeln

Der Weg der Achtsamkeit

Mit einem Vorwort des Dalai Lama

Aus dem Englischen von Jürgen Saupe
158 Seiten · gebunden · ISBN 3-442-30572-1

»Auch wenn der Versuch schwierig sein mag, den Weltfrieden durch die innere Wandlung der einzelnen Menschen herbeizuführen, er ist der einzige Weg. *Ich pflanze ein Lächeln* ist ein Reiseführer, der genau in diese Richtung weist. Thich Nhat Hanh bringt uns zunächst bei, was Achtsamkeit des Atmens und Bewußtheit in den unbedeutenden Tätigkeiten unseres Alltagslebens sind. Er zeigt uns dann, wie wir die Wohltaten der Achtsamkeit und Konzentration dafür verwenden können, schwierige psychische Verfassungen zu wandeln und zu heilen. Schließlich weist er uns auf den Zusammenhang von persönlichem, innerem Frieden und Weltfrieden hin. Es lohnt sich sehr, das Buch zu lesen. Es kann das Leben der einzelnen wie der Gesellschaft verändern.«
S. H. der XIV. Dalai Lama

»*Ich pflanze ein Lächeln* ist ebenso faszinierend wie auf eine heilsame Weise irritierend ... Ein Buch für Menschen unserer Zeit, die den Weg zu sich selbst und anderen finden wollen.«
San Francisco Chronicle

GOLDMANN VERLAG